丝绸之路记忆丛书

胡戟 主编

丝绸之路上的
大月氏

刘全波 著

陕西师范大学出版总社

图书代号　SK23N1948

图书在版编目（CIP）数据

丝绸之路上的大月氏／刘全波著. — 西安：陕西
师范大学出版总社有限公司，2024.1
（丝绸之路记忆／胡戟主编）
ISBN 978-7-5695-2515-1

Ⅰ. ①丝… Ⅱ. ①刘… Ⅲ. ①古代民族－民族
历史－研究－西北地区 Ⅳ. ①K289

中国版本图书馆CIP数据核字（2021）第198774号

丝绸之路上的大月氏
SICHOU ZHI LU SHANG DE DAYUEZHI

刘全波　著

出 版 人	刘东风	
策划编辑	刘　定　郑　萍	
责任编辑	胡选宏	
责任校对	陈君明　王雅琨	
装帧设计	张潇伊	
出版发行	陕西师范大学出版总社	
	（西安市长安南路199号　邮编710062）	
网　　址	http://www.snupg.com	
印　　刷	西安市建明工贸有限责任公司	
开　　本	880 mm×1230 mm　1/32	
印　　张	4.5	
插　　页	2	
字　　数	81千	
版　　次	2024年1月第1版	
印　　次	2024年1月第1次印刷	
书　　号	ISBN 978-7-5695-2515-1	
定　　价	49.00元	

读者购书、书店添货或发现印刷装订问题，请与本公司营销部联系、调换。
电话：（029）85307864　85303629　传真：（029）85303879

总　序

　　丝绸之路被誉为"世界历史展开的主轴"，具有极其丰富的内涵，它自身就是一部人类文明发展史。打开它的华丽长卷，人们便不难了解，通过丝绸之路，东西方文明在交流交融中，实现人类社会共同进步的两千年辉煌。

　　中国敦煌吐鲁番学会丝绸之路专业委员会自2014年成立之后，便组织大唐西市丝绸之路考察团，赴中亚、西亚、南

大唐西市丝绸之路考察团在波斯波利斯合影

1

亚和欧洲丝绸之路沿线的十四个国家进行实地考察，之后又组织了对东南亚丝绸之路遗址遗物的考察。

为充分利用考察获得的丰富图文资源，在组织编写"丝绸之路学"丛书的同时，另组织编写以"丝绸之路记忆"为名的一套故事丛书，旨在以更为生动活泼的形式，讲述丝绸之路上的真实历史。相信普及丝绸之路知识，能帮助读者真切地了解人类文明进步的伟大历程，弘扬创新开放精神，珍惜遗产，汲取教训，更好地融入世界，激励人们共同为创造人类社会美好的未来奋斗。

为此，我们拟定了有关丝绸之路的一百个选题，包括人物故事、帝国和王朝故事、城堡遗址故事、物种科技交流故事、宗教故事、道路故事等，组织专家撰写。此项工作得到陕西师范大学出版总社的支持，并争取到国家的出版资金资助。

丛书由胡戟主编，整个项目按照征集作者、作者撰稿、编辑出版的流程有序推进。丝绸之路知识的普及，正确历史观的教育，要从娃娃抓起。希望"丝绸之路记忆"丛书，能在历史的真实性、叙述的生动性、图片的可视性、观念的正确性等各个方面让人满意。在一百册图书出齐时，能包装成"小学生文库"式的一个"书橱"，作为送给孩子们最好的礼物，这是我们和所有作者热切期待的。

胡　戟

2021年12月25日

目 录

一片神奇的土地

在欧亚大陆广阔的土地上，先后孕育出众多异彩纷呈的古代文明，回顾人类文明的发展历程，这片神奇的大陆，处处皆是传奇，处处皆有惊喜。在远离海洋的大陆腹地，那片在今天看来都有些荒凉的地方，曾经却是多姿多彩的文明的十字路口，东西南北的文化在这里交融汇合，相貌各异的人们在这里往来穿梭，而后又把这生生不息的文明之光传播到四面八方。早在张骞通西域之前，欧亚腹地的先民们就已经开始了频繁而深刻的交流，他们不仅游走于里海北岸、河中地区、帕米尔高原、伊朗高原、哈萨克草原、南西伯利亚、天山南北，甚至还到达了今天的吐鲁番盆地，以至河西走廊。在没有边界的古代，先民们逐水草而居，肆意地游走于这片神奇的土地，整个欧亚大陆上的交流随之而来，且不是单向的交流，而是多方向、多层次、多角度的交流。

目前国内外学术界公认的状况是，公元前7世纪，相当于中国的春秋时期，在当时希腊、波斯和中国周边，欧洲东部到亚洲中部、西北部的辽阔草原、半沙漠和山前地带，散居着许许多多相对独立的游牧部落或部族。他们在中国史籍中被称为"塞人""塞种"，在波斯文献中被称为"萨迦""塞克"，在希腊、罗马文献中则被称为"西徐亚""斯基泰"。这些游牧部落或

图1　青铜武士俑

部族，或者他们的子孙，在中西文化交流中扮演了中介的角色，其本身文明的高度发展也在一定程度上提升了中西文明交流的层次和水平。西方的葡萄、紫草等经由他们传入中国吐鲁番盆地，小麦也经由他们渐次传入中原，东方的黍、海贝可能也是经由他们传到了西方。在丝绸之路开辟之后，这些游牧部落或部族的媒介作用可能更为重要，而且他们同中国、波斯、印度、希腊、罗马一直保持着密切的沟通。

关于斯基泰与塞种的区别与联系，我们这里做一个简单说明。被称作斯基泰、塞种的古人群应同属印欧人

种，他们有众多部落，各部落之间既有交往又有争斗，并且有自己特有的文化。我们所说的斯基泰人主要是位于里海北岸、哈萨克草原、南西伯利亚、吐鲁番盆地等地区的这群先民。而塞种，我们所论述的主要是位于河中地区及其南北、帕米尔高原及其东西，以及塔里木盆地边缘的一群先民，他们的历史多被汉文史籍、波斯文献所记载，或许他们是更为活跃的一群，建立了诸多邦国。学术界对斯基泰与塞种的讨论其实还很热烈，考古资料也不断涌现，我们这里只是简单地将主要内容做一个介绍。

图2　带尖顶帽的塞克人

斯基泰与塞种之间的界限或许没有那么清楚，或许他们就是同一群人的不同部落，抑或就是所处时代有先有后的同一群人，只是由于他们不断迁徙，扰乱了我们对他们的认知。其实，他们都有机会与中国、波斯、希腊乃至印度、罗马接触，只是有的多有的少。并且，由于东西方文献的不同记载，而导致斯基泰和塞种出现了不同的面貌。

很多时候，很多人总是在刻意解释、描绘这些先民是什么人种、什么样貌、什么背景来源，笔者认为其实意义不大。首先，相貌是先民为了适应环境所做出的自然选择，没有高下之分，何必刻意地去渲染它。其次，我们都是从非洲走出的智人的子孙，经过几百万年的演化，才变成了今天的模样。再者，各地的先民其实早已经融合在一起了，他们的交流程度之深之广，已远远超出我们的想象。有材料表明，至少在两三千年前，"西方基因"已经在中国多个地区中存在。就算是早已灭绝了的尼安德特人，他们的基因也是毫无置疑地在欧亚大陆存续着。

严文明先生曾经总结过新疆青铜时代以后的历史文化演进。他认为，新疆各青铜文化时代的居民是不同类型的欧罗巴人种，蒙古人种只到新疆东部的哈密地区，哈密天山北麓文化就是两大人种和两种文化汇聚所产生的一种复合文化。进入早期铁器时代，情况似乎发生了逆转，与带耳罐文化系统有较多联系的高颈壶文化系统占据了新疆的大部分地区，蒙古人种也逐渐向西移动，而与筒形罐文化系统关系密切的圆底釜文化系统则仅见于帕米尔一小块地方。随着匈奴文化和汉文化影响的加强，尤其是匈奴对月氏等民族的征服，以及汉朝对西域的管辖经营，促使新疆各地文化之间的交流更为频繁，新疆作为东西方文化交流枢纽的作用也日益显现出来。最先是西方的青铜文化时代的人们带着小麦、绵羊和冶金技术进入新疆，不久他们又赶着马匹进入新疆，而且继续东进，远到甘肃等地；甘肃等地的粟和彩陶技术也传入新疆，甚至远播中亚。

图3　伊朗兹维耶至中国河西走廊沙井文化遗址出土的卷曲动物纹牌饰

　　总之，青铜时代末期直至铁器时代，在东起蒙古草原西至欧亚大陆腹地的大片土地上，草原游牧文化表现出很大的一统性和向农业农耕文化区域传播的流动性。此时游牧世界的许多文化特征趋于一致，必然是大量草原游牧文明之间紧密交流、相互学习的结果，而农业定居地区的文化艺术也深受草原游牧文明的渗透与影响。在这场早期的草原游牧文明与农业农耕文明的接触中，大批游牧民充当了文化传播者和东西陆路交通开拓者的角色。可是，由于没有文字记载，我们今天只能依靠考古资料来认识这片神奇土地上的这群功绩卓著的先民了。其实，考古资料也只能片面地展现那个时代的片段，但我们可以断定的是，在这片神奇土地上的先民们，已经开始了频繁而深刻的交流。他们已经能够驾驭马，马是现代交通工具产生之前最重要且快捷的交通工具，故马的使用必然极大地提升了人们认识世界、改造世界的能力。

　　此外，需要我们注意的是，我们要知道这是一个什么样的时代。以中国为例，这是一个进入了春秋战国的时代；以波斯为例，这是一个阿契美尼德王朝称霸的时代；以希腊为例，这是一个城邦民主高度发达的时代。总之，人类文明已经渐渐走向成熟，而这群地处希腊、波斯、中国周边的先民们的文明程度也是不容小觑的，那些灿烂夺目的黄金工艺品，就是证据。所以，此时此后发生任何惊人的故事都是有可能的。

从 哪 里 来

根据历史文献的记载，月氏的时代是晚于上文所说的塞人的，但是到底晚多少，其实还是在猜测。月氏是否是这些先民的后代，也只能猜测。但是，我们相信，任何事情都不是无来由的，任何神话都不是凭空捏造的。在春秋战国甚至更早，没有文献记载的时代，谁敢说就一定没有月氏人呢？我甚至相信部分塞人或者其他先民那时已经迁徙到了今天的河西走廊，今天黄河以西的大片土地上，且在原有河西文化的基础上又创造了更为杰出的文明，即月氏文明。他们必然与商周时代的中原产生过一些关系，甚至是频繁往来，不然殷墟妇好墓出土的和田玉又是怎么来的呢？

先秦的文献中记载了"禺氏""禺知"，清人何秋涛《王会篇笺释》最早认为，《逸周书》《穆天子传》《管子》中的"禺氏"或"禺知"即是月氏。后来王国维先生在《月氏未西徙大夏时故地考》中延续了何秋涛的这个观点，他认为《逸周书》中的"禺氏"与"月氏"是同一个民族，并且《穆天子传》中的"禺知"也是"禺氏""月氏"。按照他们的这个思路来看，月氏可是历史悠久，只不过，月氏原来的居住地在周的北方，至秦汉之际，或者更早的时间点上，才由北方迁往河西。

《逸周书》卷七《王会解》载：

> 北方台正东：高夷嗛羊。嗛羊者，羊而四角。独鹿邛邛。距虚，善走也。孤竹距虚，不令支玄貘。不屠何青熊。东胡黄罴，山戎戎菽。其西：般吾白虎。屠州黑豹，禺氏騊駼。大夏兹白牛，兹白牛，野兽也，牛形而象齿。犬戎文马，文马赤鬣缟身，目若黄金，名古黄之乘。数楚每牛，每牛者，牛之小者也。匈戎狡犬，狡犬者，巨身，四足果，皆北向。

《穆天子传》卷一载：

> 甲午，天子西征，乃绝隃之关隥。己亥，至于焉居禺知之平。

《管子》卷二十二《国蓄第七十三》载：

> 玉起于禺氏，金起于汝汉，珠起于赤野。东西

南北距周七千八百里，水绝壤断，舟车不能通。先王为其途之远，其至之难，故托用于其重。以珠玉为上币，以黄金为中币，以刀布为下币。

《管子》卷二十三《揆度第七十八》载：

至于尧、舜之王，所以化海内者，北用禺氏之玉，南贵江、汉之珠。其胜禽兽之仇，以大夫随之。

…………

禺氏边山之玉，一策也。

…………

珠起于赤野之末光，黄金起于汝、汉水之右衢，玉起于禺氏之边山。

《管子》卷二十三《轻重甲第八十》载：

禺氏不朝，请以白璧为币乎？昆仑之虚不朝，请以璆琳琅玕为币乎？……然后八千里之禺氏可得而朝也。簪珥而辟千金者，璆琳琅玕也，然后八千里之昆仑之虚可得而朝也。

《管子》卷二十四《轻重乙第八十一》载：

癸度曰："金出于汝、汉之右衢，珠出于赤野

之末光，玉出于禺氏之旁山，此皆距周七千八百余
里。其涂远，其至厄……"

很显然，《逸周书》《穆天子传》《管子》等文献中
大量记载了"禺氏""禺知"，尤其是《管子》，如此大量
的"禺氏"的出现，不会是偶然现象，必然是基于古人的深
刻认知。从功能来看，"禺氏"或其边山是出"玉"的，这
个后文我们会详细说。从距离来看，"禺氏"在"七千八百
里"或"八千里"之外，而从"北用禺氏之玉"来看，"禺
氏"的方位在北，但是这个"北"在《管子》中仅出现了
一次。

很多学者认为，秦汉之际甚至更早，月氏就已经十分强
大。如《史记·匈奴列传》所载："当是之时，东胡强而月
氏盛。"可见，这一时期，月氏与东胡已经并霸北方，秦则
立国长城以南，诚如前辈学者所言，地区大格局已定。如果
月氏由北方迁往河西，势必会引起巨大反响，史籍中也必有
记载；再者，月氏为何要迁徙也说不清楚，难道是霸主要迁
都？况且经过长途跋涉的月氏，也不太可能很快强大起来，
河西就没有原住民吗？更重要的是，关于月氏由北方向西迁
徙之事，并无其他史料和实物的佐证，仅从文字、音律来考
证，是很难靠得住的。故多有学者认为，月氏是河西走廊的
老住户，是河西地区孕育的一个古老民族。

《史记·大宛列传》中记载："始月氏居敦煌、祁连间。"也就是说，月氏是源起于敦煌、祁连间的古老民族。后世的史书多沿袭这一说法。如《汉书·西域传》记载："乌孙本与大月氏共在敦煌间。""大月氏……本居敦煌、祁连间。"《汉书·张骞传》亦载："昆莫父难兜靡本与大月氏俱在祁连、敦煌间。"这里的关键问题是，古代的祁连是否就是今天的祁连山？古代的敦煌是否就是今天的敦煌之地？这个问题，早在唐代已经被提出来了。唐代颜师古注《汉书》时说："祁连山即天山也，匈奴呼'天'为'祁连'。"按照颜师古的这个说法，"祁连"的匈奴本意是"天"，天山也蕴含着祁连山的隐含意义，如此，祁连山与天山变成了同义而不同名，今天的天山亦可理解出祁连山的意义来，进一步，月氏人生活的敦煌、祁连间，亦可以在敦煌、天山一带，甚者，月氏的原住地就应该是东天山附近，因为匈奴所说的祁连山是天山。

近年来，越来越多的研究者也在说，月氏的原居地在今天的天山东麓附近。北京大学林梅村教授的研究认为，大月氏的原始故乡在析罗漫山巴里坤草原、吐鲁番盆地。另外，考古学界也在努力寻找和确认月氏的考古学文化遗存。西北大学王建新教授带领的学术团队从2000年前后开始，通过持续十几年的考古调查、发掘与研究，初步确认古代月氏在中国境内的原居地并非河西走廊西部，而是以新疆巴里坤县为中心的东天山区域。如此来看，此月氏不像是从东方或北方迁徙而来，倒像是从西方迁徙而来的，只不过后来在匈奴、乌孙的打击下，又西迁回去了。试看今天的敦煌、瓜州、哈密、巴里坤诸地之间，虽然还有一段距离，且有沙漠、戈壁横亘，但是放大视野来看，敦煌之地与巴里坤草原之间的距离并不算远，难道这就是《史记》《汉书》所谓的敦煌、祁连间？

兰州大学刘光华教授指出，月氏自春秋以来就活动于河套黄河以西至阿尔泰山、敦煌间的广大地区。如此考虑，"敦煌、祁连间"这个地域范围，就将扩大至祁连山下的河西走廊至新疆天山一带，这样一来，整个河西走廊至天山廊道都成了月氏的家园。中国社会科学院余太山研究员亦曾有过类似的表述，其言："月氏原是一个强大的游牧部族，其统治中心东起今祁连山以北，西抵今天山、阿尔山东麓，且一度伸张其势力至河套内外。"但是，持不同观点的人也有很多，比颜师古稍晚、同为唐人的张守节，在其《史记正义》中，在《匈奴列传》的有关条目下，引证了唐太宗儿子魏王李泰主编的《括地志》中的话，其言："凉、甘、肃、延、沙等州地，本月氏国。"可见李泰、张守节还是倾向于将整个河西地区看作月氏的活动范围。综合文献资料与考古资料来看，月氏的活动范围肯定不局限于某一固定的场所。一方面，游牧民族本身的特性决定月氏的活动范围是不固定的；另一方面，迁徙又是在本民族遭受外来打击时，如民族间的矛盾、自然灾害等，为求生存和延续种族的选择。或许月氏的活动区域果真有过多次的变迁，但是整个河西走廊至天山廊道的区域实在太大，丝绸之路中国段一半以上都被囊括进去了，也有点不合适，有点太大、太泛了。

其实，目前学术界对月氏故乡或原居地的考察主要有两个方向：一个认为月氏的家乡在哈密附近的巴里坤草原、吐鲁番盆地；一个认为月氏的故土在河西走廊，尤其是河西走廊东部的沙井文化遗存区。在巴里坤草原、吐鲁番盆地的月氏，无疑对玉石之路起了重要的作用，由于其地理位置更加靠近和田玉的产地，便当之无愧地成为玉石之路上的主要贸易承担者；在河西走廊的月氏则控制了重要的战略要地，此时他们与中原文化必然有更多的接触与交往，可以从中原得到更多的物产与文化。究竟哪个更符合历史事实，目前我们还是很难得到定论。但是，如果月氏的故乡在如此遥远的哈密、巴里坤附近，其与东胡并霸北方的故事，就有点经不起推敲了，因为如此远的距离，应该让后来的匈奴有足够的发展空间，怎会使得匈奴没有了发展空间？虽然巴里坤草原、吐鲁番盆地肯定与月氏有关系，但是，我们认为那个曾经称霸北方，压迫得匈奴无发展空间的月氏，应该在河西走廊或者蒙古高原附近。首先，河西走廊是可以东进西出、南来北往的，这才可以成就月氏的霸业。其次，匈奴之大本营是在北方草原，匈奴之势力对巴里坤草原、吐鲁番盆地的渗透，是较晚的事情，而与此地区如此晚的交往，是有违月氏与匈奴之间交往史实的，因为月氏与匈奴之间的距离好像没有那么远。最后，哈密地区在后来的历史发展过程中，其历史地位、区位优势，明显不如河西走廊。河西走廊是王霸之地，而哈密地区却少有王霸之国出现，或者说哈密地区的大范围开发，是要稍晚一点的。从目前来看，河西走廊诸地更像是可以支撑起一个霸主发展的风水宝地。

所以，我们在承认敦煌就是现在的敦煌，祁连就是现在的祁连山的基础上，认为居于"敦煌、祁连间"的月氏就是生活在现在的河西走廊，且月氏在东，乌孙在西，与分布于河西走廊东西部的沙井文化和骟马文化关系密切，甚至沙井

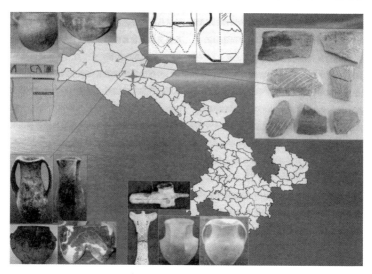

图4 骟马文化分布区域与典型器物

文化与骟马文化就是月氏和乌孙活动的遗存。当然，后来月氏打败乌孙，独占了河西走廊，接着是匈奴的崛起，月氏又被迫退出河西；再后来，霍去病出击匈奴，匈奴丢失了祁连山、焉支山在内的整个河西之地；最后，汉武帝设四郡置两关，将整个河西归入西汉版图。

沙井文化的年代相当于中原地区西周晚期至战国早期，属于青铜时代晚期文化，沙井文化遗址主要分布在巴丹吉林沙漠与腾格里沙漠之间的民勤绿洲和永昌盆地之间，民勤沙井子至永昌三角城（今属金昌市金川区）为该文化的中心区域。目前已发现的较重要的遗址除民勤沙井遗址外，还有金昌三角城遗址、蛤蟆墩遗址、西岗遗址、柴湾岗遗址。

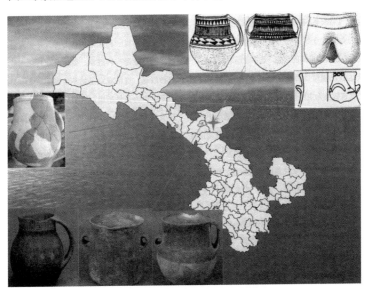

图5　沙井文化分布区域与典型器物

　　1923年，瑞典考古学家安特生前往中国西北进行考古调查，他到达兰州后，委派助手白万玉先生先行前往河西收集资料。白万玉在武威附近一无所获，后来听当地村民说，在民勤县有人挖出过旧铜器、旧瓦罐，白万玉随即前往调查，并成功在民勤沙井子村民手中购得六件铜器和若干彩陶。白万玉在沙井村东约三公里的一处墓地进行了尝试性挖掘，采集到一些陶器、石器和小件铜器等。1924年8月，安特生亲自来到民勤，并在沙井村南发掘了柳湖墩遗址和附近一处墓地，在柳湖墩遗址西侧墙基内，表土以下一点七米处发现有黑土文化层及陶鬲、豆、碗及石器、铜刀、金耳环、骨针等遗物，又在沙井南墓地发现了四十四座古墓。

　　1945年，西北科学考察团夏鼐、阎文儒等先生在民勤县试掘了三角城、沙井子，并沿途考察了柳湖墩、黄蒿井等遗址。在三角城遗址发掘中收获陶器、石器、彩陶片、漆木器、鬲足、铜镞、五铢钱、琉璃珠、海贝等一批珍贵的文物。1948年，西北地质调查队裴文中先生一行再一次考察了柳湖墩、沙井南、沙井东、黄蒿井几处遗址。在柳湖墩遗址考古发掘出长方形石刀、穿孔石器、火石片、陶片等。在沙井南、沙井东墓地发掘出少许彩陶罐、大理石坠、玛瑙、贝、白石珠、金环、铜链等文物，并在黄蒿井新发现两处遗址。此外，在民勤县城西北四十五公里外的红沙梁乡小东村西面的沙丘中，发现了三角城遗址，在石砌成的方形台地南

图6　席纹彩陶罐　　　　　图7　倒三角纹彩陶罐

侧圆形墙附近，有陶片、兽骨、灰堆、木炭。在台地东南
五百米的沙丘下发现了完整的人骨和陶器，采集到丰富的粗
陶、稀少的细泥彩陶、长方形石刀、玛瑙石片、石斧、石磨
盘。裴文中先生在考察结束后，在其撰写的报告中，首次使
用了"沙井文化"这一概念。

　　沙井文化用于农耕的生产工具很少，而用于畜牧的铜
刀、箭镞却占有很大比例，遗址中出土有大量的动物骨骼、
皮革制品，尤其是草原气息浓厚的青铜器物，如鹰头饰、鹿
形饰、犬纹牌饰、涡轮形饰等，这些都彰显出北方牧业文化
的色彩。沙井文化的面貌显示，在当时的社会生活中以畜牧
业为主，并有大面积聚落遗址，如永昌三角城、柴湾岗、民
勤柳湖墩、黄蒿井等。永昌三角城中的高大城墙系利用天然
地势，以黄土垒筑而成，现存高度达四米，具有一定的防御

功能；城内经发掘的房址有四座，呈圆形；室内有灶坑和火墙，根据房址F4的基址进行复原，发现其形状犹如蒙古包；城内还发现十四个窖穴。柴湾岗遗址中也发现有房屋遗迹，呈椭圆形，面积有四十多平方米，室内有火塘和储物的窖

图8　青铜麋鹿

图9　鹰头形青铜权杖首

穴。三角城和柴湾岗遗址中的房屋周围均发现有构筑散水，可见当时建筑水平很高。沙井先民十分注重居址的建设，说明沙井先民长期过着定居生活。

春秋战国时期，河西地区由于气候和自然环境的变化，年平均气温和年积温等条件均已不能满足粟类作物生长的需要，种植业开始逐步萎缩，使得原来以种植业为主的羌人、氐人、周人等，开始大规模地向气候相对温暖的中原或东南部地区迁移。月氏、乌孙等游牧民族乘机进入河西，完成了河西人口主体的历史性转变，河西地区经济形态也由以农业为主转型为以畜牧业为主。以前学者多认为月氏是逐水草而居，是没有定居点的游牧民族，故多认为有定居遗址的沙井文化不是月氏的遗存，其实这是一个误解。根据敦煌研究院杨富学研究员最新研究证实，河西考古学文化所见畜牧业具有明显的住牧特点。

河西史前畜牧业，并不是一般意义上的蒙古高原上的游牧业。游牧与畜牧是有区别的，学术界已经注意到这个问题，并据此分析古代民族的生业方式。杨富学研究员即认为月氏人在河西时期的生业方式是畜牧业而不是游牧业。具体而言，畜牧就如同今天河西的牧民那样，建设一个定居点为大本营，作为安置老弱妇孺生活之所和冬季人畜的安居地，定居点附近的草场在夏秋时节妥加保护以资冬用，部分青壮年则赶着牲畜，到比较远的地方游牧，冬季回到定居点和家人团聚。中国史书中，经常提及逐水草而居，生活在农耕区域的人们，就想当然地认为，所有的逐水草而居，都是游牧形态。其实畜牧亦是一种很重要的逐水草而居的形态，并且随着部落的发展，剩余产品的出现，游牧也会出现定居点，游牧也会向畜牧转变，不然，大量的人口如何安置？积累的财富如何储藏？月氏人的生活方式应该就是这样的，以畜牧为主，兼营农业，随着定居人口数量的增多以及技术人才的不断聚集，较为简单的农业生产乃至手工业就自然而然地出现了。

总之，位于河西走廊东部的沙井文化遗址应该就是月氏人的主要据点之一，河西走廊虽然地处干旱半干旱的交界地带，不适宜大范围开发建设，但其整体环境还是适宜人类居住的，所谓"有松柏五木，美水草，冬温夏凉，宜牧畜养"是也。河西之地更是王霸之地，历代王朝尤其是以关中为都城的王朝，皆十分重视河西之地，称之为帝国门户、军事屏障；后来的割据政权如前凉、后凉、北凉、甘州回鹘、敦煌归义军、西夏等，就是以此地为基础建立政权的。曾经称霸一方的月氏人，必然就是占据了这片土地。当然，我们认为月氏甚至包括乌孙、匈奴以及塞人等，是交错杂居于整个河西走廊、天山廊道，既各有地盘，又有交叉。因为那个时代并没有固定的疆界，马牛羊是逐水草而行的。

称　霸

有文献记载为证，大约相当于秦朝的时候，月氏势力非常强大，所谓"东胡强而月氏盛"，连匈奴首领头曼单于都要把自己的儿子冒顿送到月氏当人质。此外，月氏凭借强大的优势，打败了同在河西走廊畜牧的乌孙，杀其首领，迫使乌孙迁徙到更西更北的地方。而月氏的霸业是如何建立起来的？月氏是否真如史书中记载的那样，是一个霸主呢？因为后来的月氏竟然很轻易地就被冒顿单于击败了，并且一败再败，被迫迁徙至阿姆河流域去了。下面我们就依据有限的文献资料，分析一下月氏在秦朝及以前到底有没有称霸一方的实力。

《史记》卷一百一十《匈奴列传》载：

当是之时，东胡强而月氏盛。

《史记》卷一百二十三《大宛列传》载：

> 大月氏在大宛西可二三千里，居妫水北。其
> 南则大夏，西则安息，北则康居。行国也，随畜移
> 徙，与匈奴同俗。控弦者可一二十万。故时强，轻
> 匈奴，及冒顿立，攻破月氏，至匈奴老上单于，杀
> 月氏王，以其头为饮器。

三国吴万震撰《南州志》云：

> （大月氏）在天竺北可七千里，地高燥而远。
> 国王称"天子"，国中骑乘常数十万匹，城郭宫殿
> 与大秦国同。人民赤白色，便习弓马。土地所出，
> 及奇玮珍物，被服鲜好，天竺不及也。

三国吴朱应、康泰撰《外国传》云：

> 外国称天下有三众：中国人众，大秦宝众，月
> 氏马众。

通过《史记》的记载，我们显然看到了一个强大的月
氏国，其与东胡并霸中原王朝控制范围之外的北方与西方的

大片领地，其军队人数可达一二十万。这个一二十万，是约数，至少是十万，至多是二十万。用最少的十万和西汉时期的西域诸国之兵力做一个比较，我们就可以知道当年的月氏强大与否。

《汉书》卷九十六《西域传》载：

> 婼羌国王号去胡来王。去阳关千八百里，去长安六千三百里，辟在西南，不当孔道。户四百五十，口千七百五十，胜兵者五百人。

> 鄯善国，本名楼兰，王治扜泥城，去阳关千六百里，去长安六千一百里。户千五百七十，口万四千一百，胜兵二千九百十二人。

> 且末国，王治且末城，去长安六千八百二十里。户二百三十，口千六百一十，胜兵三百二十人。

> 于阗国，王治西城，去长安九千六百七十里。户三千三百，口万九千三百，胜兵二千四百人。

> 莎车国，王治莎车城，去长安九千九百五十里。户二千三百三十九，口万六千三百七十三，胜兵三千四十九人。

> 疏勒国，王治疏勒城，去长安九千三百五十里。户千五百一十，口万八千六百四十七，胜兵二千人。

以上是《汉书·西域传》所记载的塔里木盆地边缘的绿洲诸国。由于地理位置、自然环境等的限制，其户口和胜兵人数都较少，这些地方是后来丝绸之路上重要的城市，是来往于丝绸之路的商旅的补给站，并不具备称霸的条件，与上文我们所说的，控弦者可一二十万的月氏没有可比性，与匈奴和汉王朝更没有可比性。难怪，在后来的汉匈西域争夺战中，西域诸国多像墙头草似的，摇摆于汉朝与匈奴之间。当然，这不是对他们的指责，绿洲诸国亦是不愿意做墙头草的，只因国力太弱，无力抵抗任何军事威胁。再看我们上文所说的，月氏控弦者可一二十万，相当于秦朝时期的月氏兵力数据，而上述绿洲诸国的胜兵数量是西汉中后期的数据，其间差距有一百多年。

《汉书》卷九十六《西域传》又载：

康居国，王冬治乐越匿地。到卑阗城。去长安万二千三百里。不属都护。至越匿地马行七日，至王夏所居蕃内九千一百四里。户十二万，口六十万，胜兵十二万人。

大宛国，王治贵山城，去长安万二千五百五十里，户六万，口三十万，胜兵六万人。

乌孙国，大昆弥治赤谷城，去长安八千九百里。户十二万，口六十三万，胜兵十八万八千八百人。

龟兹国，王治延城，去长安七千四百八十里。

户六千九百七十，口八万一千三百一十七，胜兵

二万一千七十六人。

以上是《汉书·西域传》所记载的西域强国，它们在西域的政治、军事生活中都起过重要作用。但看其户口与军队数量，与前文所说月氏相比，百余年后的大宛，胜兵仅有六万人，曾经在西域小霸的龟兹，胜兵仅有二万多人，皆不及百年前之月氏。康居与乌孙是地区大国，人口众多，胜兵亦多，一个居于哈萨克草原，一个居于伊犁河、楚河流域，皆在水草丰美之地，且又经过了约一百年的发展，才达到或者超过月氏早年称霸时期的水平。其实，我们所说的这个一百年的时间并不确切，甚至比一百年更多，足见早年月氏军事实力之强，这是其称霸之资本，更是其控制东西交通的力量。

西迁阿姆河流域的大月氏的户口与兵力，《汉书·西域传》亦有记载，这个时期的大月氏人口四十万人，胜兵十万人，仅少于上文所说的康居与乌孙，亦可见此时大月氏之实力。"大月氏国，治监氏城，去长安万一千六百里。不属都护。户十万，口四十万，胜兵十万人。"辗转迁徙之后的大月氏，户口胜兵数量还如此之多，也可以反证早年月氏之实力。

　　我们还需要将月氏与匈奴做一个比较。匈奴的人口与兵力，《史记》亦有记载。《史记·匈奴列传》载："是时汉兵与项羽相距，中国罢于兵革，以故冒顿得自强，控弦之士三十余万。"可见冒顿单于称霸草原之时，其兵力为"控弦之士三十余万"，这个数据是月氏早年称霸时控弦之士的一至二倍，时间上也相差不远，后来月氏虽败于匈奴，但是，其强大的兵力还是不可小觑的，故匈奴几代单于，在后来的时间里，不断追击月氏，其主要原因还是因为月氏的实力不弱。总之，我们通过对月氏兵力的考察，可以很明显地看到早年月氏的实力，因为在古代，所谓的国家实力，首先就是人口数量的多寡，而有如此强大兵力的月氏，称霸一方自然是没有任何问题的。

图10　畜牧图画像砖

万震《南州志》所言之月氏，究竟是迁徙占据大夏之后的月氏，还是后来的贵霜帝国，我们其实是有怀疑的。但是，通过这个记载我们知道了月氏人的财力情况，有马数十万匹，并且还有其他的奇珍异宝，其财力由此可见一斑。朱应、康泰《外国传》所言亦是如此，"月氏马众"，马在古代战争或生产、生活中都是重要的战略资源，汉唐帝王皆极为重视马的管理与改良，难道汉武帝仅仅是为了汗血宝马好看，满足自己的好奇心、虚荣心，才要不惜一切地征伐大宛吗？很显然，不是的。马是战略物资，是帝国的军备，没有了马，帝国怎么守护？故汉唐帝王不断寻求西域良马，畜养杂交使之繁殖，以改善中原之马种，提升中原王朝的军队战斗力。而月氏的马是天下最多的，这对于月氏的发展无疑

图11　铜奔马

极其重要，是与其强大的军队战斗力紧密相关的。到了唐代，月氏与马还是紧密地联系在一起，李白就有《天马歌》一诗，其诗云："天马来出月氏窟，背为虎文龙翼骨。"

以上是我们知道的月氏称霸的主要情况，但是在有文献记载以前，早已聚居于河西走廊的月氏难道就不是霸主吗？什么霸主是一时就可以确立的呢？月氏这个霸主难道就是可以轻易称霸的吗？很显然，不是。霸主必然是多年经营的结果。文献记载让我们了解了月氏做霸主末期的情况，而其称霸的时间究竟有多久，我们只能猜测，或等待新的考古发现为我们揭开谜底。但是我们必须强调，在文献记载之前的很长时间里，月氏曾是当之无愧的霸主，且控制了丝绸之路的前身——玉石之路！

玉是东方文明的原型符号，华夏文明的一个突出要素就是对玉的信仰，玉文化率先出现于北方地区，随后在辽河流域、黄河流域和长江流域的广阔范围里长期互动交流。每一种史前玉器的形制都潜含着某种神话观念，最初出现的玉玦、玉璜是这样的，随后出现的玉璧、玉琮、玉璋、玉琥等也均是如此。玉石崇拜具有巨大的传播力，从距今约八千年前开始，用了大约四千年的时间基本上覆盖了整个中国。

齐家文化是以甘肃为中心的新石器时代晚期文化。1924年，由瑞典考古学家安特生在甘肃省广河县齐家坪遗址最先

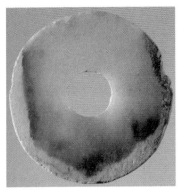

图12　白玉璧　　　　　　　　图13　青玉璧

发现并命名。齐家文化出土有数量众多、制作精美的玉器，且大部分玉器是由新疆和田玉制成的。和田玉的发现与运用当早于齐家文化，但它被大量用于制作礼器和部分工具，始于齐家文化。一方面，齐家文化接受了来自东方的玉器崇拜观念，大量生产以玉璧、玉琮、玉刀为主的玉礼器，成为夏、商、周三代玉礼器的重要源头。另一方面，齐家文化因占据河西走廊的特殊地理位置，开始将新疆和田玉输入中原地区，从而开启了商、周两代统治者崇拜和田玉的先河，从安阳殷墟出土的商代王室玉器可以看出，商代显然已经大量采用来自昆仑山的和田玉。

　　河西考古学文化以马家窑文化为最早，河西史前考古文化的发展脉络，东部的演进序列是马家窑文化—半山文化—马厂文化—齐家文化—沙井文化，西部的演进序列是马家窑文化—马厂文化—齐家文化—四坝文化—骟马文化。由此可见，月氏人的沙井文化明显地继承、发展了齐家文化，是河西东部地区的主流文化。而齐家文化对于中国的玉文化是有重要贡献的，继承并发展了齐家文化的沙井文化，无疑也将此继承下来。也就是说，月氏人在玉石贸易、玉石传播方面起了重要作用。《管子》中的"玉起于禺氏""北用禺氏之玉""玉起于禺氏之边山"，都称禺氏之地为产玉之邦。日本学者桑原骘藏教授对《管子》"北用禺氏之玉，南贵江、汉之珠"一句进行解释，他认为，江汉并不产珠，之所以以珠为贵，是因为江汉地区是珠宝贸易的重要通道，由此推知，禺氏未必为产玉之邦，可能是临近产玉之地，是当时新疆和田玉输入中原的重要中介。

如果月氏人果真经营着黄河流域与昆仑山之间的玉石贸易，玉石贸易必然使他们的经济更为发达，他们的部落、民族或国家必然更加富有。除玉石贸易的经济利益之外，控制着东西通道的月氏人，必然是要行走在这长长的玉石之路上。而行走在古代世界是一件了不得的事情，所有的古代旅行家，后来都名垂青史，因为行走所带来的见闻、消息、情报以及所有关于异域、异物的知识，必然会扩大这个人甚至这个部落、民族乃至国家的视野、胸怀与格局，让他们成为开眼看世界的人，甚至是主宰天下的人。

总之，对中原王朝，玉是极其重要的资源，而主导玉石之路的月氏之战略地位可想而知。并且，如上文所说，月氏的兵力可达一二十万，马数十万匹，仅仅这个胜兵与马匹就足以令当时的世界震惊。而这一切都足以证明月氏在匈奴之前，可以成为称霸河西乃至北方草原的霸主！即使史书没有记载月氏当年称霸的盛况，我们通过这些琐碎而稀少的史料，仍然可以看到一个强大的月氏帝国。

匈奴的崛起

匈奴在中国历史乃至世界历史上都是大名鼎鼎的。匈奴的发展，是从头曼单于时代开始的，其后是他的儿子冒顿单于，冒顿在位的时间，是匈奴的大发展时期。经过这两代单于的努力，匈奴已经成为与西汉王朝南北并立的强大帝国，且在早期的对立中，西汉王朝完全处于守势，完全处于被动挨打的局面，直到汉武帝时代，汉王朝才把主动权抢过来，才开始大范围地开疆拓土，达到西汉王朝之极盛。

《史记》卷一百一十《匈奴列传》载：

当是之时，东胡强而月氏盛。匈奴单于曰头曼，头曼不胜秦，北徙。十余年而蒙恬死，诸侯畔秦，中国扰乱，诸秦所徙适戍边者皆复去，于是匈奴得宽，复稍度河南与中国界于故塞。

单于有太子名冒顿。后有所爱阏氏，生少子，而单于欲废冒顿而立少子，乃使冒顿质于月氏。冒顿既质于月氏，而头曼急击月氏。月氏欲杀冒顿，冒顿盗其善马，骑之亡归。头曼以为壮，令将万骑。冒顿乃作为鸣镝，习勒其骑射，令曰："鸣镝所射而不悉射者，斩之。"行猎鸟兽，有不射鸣镝所射者，辄斩之。已而冒顿以鸣镝自射其善马，左右或不敢射者，冒顿立斩不射善马者。居顷之，复以鸣镝自射其爱妻，左右或颇恐，不敢射，冒顿又复斩之。居顷之，冒顿出猎，以鸣镝射单于善马，左右皆射之。于是冒顿知其左右皆可用。从其父单于头曼猎，以鸣镝射头曼，其左右亦皆随鸣镝而射杀单于头曼，遂尽诛其后母与弟及大臣不听从者。冒顿自立为单于。

对于冒顿单于杀父自立的故事，大家多是耳熟能详的。对于头曼单于的评价，亦是多有贬损，因为他爱阏氏、爱少子，且欲害冒顿之事，很不道德。在他父亲做不道德事情的情况下，匈奴首领冒顿不得已杀父自立，多少还是给被儒家文化压抑下的人们一点新感觉。故后世学者好像没有对冒顿进行儒家大义方面的鞭挞与讨伐，也许大家都认为，他们本是胡人，他们本是蛮夷，所以也就没有人再去深究这个故事的可信性，就默认其流传四方了。

其实，对于头曼与冒顿的故事，还有新版本可以思考。即头曼单于并不是那么昏庸无能，也不是那么卑鄙可恨，因为自春秋战国以来，派遣质子是一件让政权之间增进信任的事情，并不是交恶，而是为善。再者，头曼时代的匈奴所处环境险恶，对其非常不利。秦始皇统一六国，大秦帝国蒸蒸日上，并且派蒙恬北击胡，主要就是匈奴，匈奴在秦朝的挤压之下，向北迁徙；另外，匈奴的东西方向各有强邻，所谓"东胡强而月氏盛"是也。面对东、南、西三面皆有强敌的情况，头曼单于无奈北徙，并且在经过考虑之后，派遣太子冒顿为质月氏，目的是改善周边地区环境，其在此时故意扩大战事，不是引火烧身吗？冒顿既质于月氏，而头曼又急击月氏之说，亦是有些问题，若果真如此，上文所说之为善就成了交恶，可能性有点小。并且很多学者经过考察，认为冒顿在月氏的时间不会很短，主要原因是冒顿后来所制造的鸣镝，很可能是从月氏学来的。此鸣镝当时应属军事高科技，如果冒顿一到月氏为质，头曼即开战，冒顿怎么可能在月氏学会此等高科技，并且月氏也不会允许其学习这样的高科技，只有在双方本着为善的基础上，冒顿才有可能在月氏慢慢学习此项技术。后来，冒顿在攻打月氏时，极其顺利，这与冒顿早年在月氏做人质的经历有关，他熟悉月氏的山川道路、风土民情。

因此我们可以反过来理解这个故事，不是头曼要杀冒顿，而是冒顿要杀头曼。如果头曼果真要杀冒顿，在冒顿逃归之后，为何还要让他做了万骑之首，这不是养虎为患吗？并且在冒顿继续他的杀人计划时，却没有引起任何的猜疑、防范，头曼单于为何不猜疑、防范这个要谋反的儿子呢？那就是头曼单于本来就没有想杀这个儿子，本来就没有猜疑、防范冒顿。按照草原民族的惯例，新任单于是要妻其后母的，而冒顿"遂尽诛其后母与弟及大臣不听从者"，之所以要尽诛其后母与弟，看来是他们对冒顿的强烈反对，导致冒顿对后母和弟弟下狠手，并且如此大规模地诛杀不听话的大臣，说明冒顿其实并不是很得人心。如果其父头曼单于很坏，要杀掉头曼应该有很多人支持，不会遇到大的反抗，而冒顿单于却遇到了较大的反抗，因此我们怀疑，冒顿应该是谋反，故受到了忠于头曼单于的大臣反对，而冒顿只得大开杀戒。

但《史记》记载的却是头曼不似君父，冒顿无奈反击，并被大多史书承袭，这又是为什么呢？这或许与冒顿单于后来的功业有关。冒顿单于虽有杀父之丑，但是，他后来带领整个匈奴击败东胡、月氏，北服浑庾、屈射、丁零、鬲昆、薪犁之国，南与汉王朝为敌，控弦之士三十余万，如此功业、成就，使具有英雄主义情怀的匈奴人记住了冒顿之功，而掩饰了其早年的杀父之丑。不然史书中为何还要加上一句，"于是匈奴贵人大臣皆服，以冒顿单于为贤"？也就是说，早年没有发现冒顿之贤，到了此时，才发现冒顿之贤；早年还有贵人大臣不服冒顿，到了此时，贵人大臣皆服！总之，冒顿的功业我们还是要承认的。但是，头曼单于或许没有那么弱与不智，冒顿此后的功业其实是在其父的基础上建立的，没有头曼带领下的北徙避蒙恬之锋芒，匈奴也许早就被蒙恬消灭掉了。

汉朝建立后，一直受到匈奴的侵扰，汉高祖刘邦时期就与匈奴有过一次交锋，结果是汉朝军队狼狈而归。汉高祖讨伐韩王信，韩王信投降匈奴，匈奴冒顿单于出兵与汉朝开战。冒顿单于采取示弱之策，汉高祖轻敌冒进，率骑兵先至平城，步兵还没有全部到达，冒顿单于就展开攻势，纵精兵四十万骑，围汉高祖于平城，七天七夜，汉兵中外不得相救。匈奴的骑兵众多，阵容豪华，西方全是清一色的白马，东方全是清一色的青马，北方全是清一色的黑马，南方全是清一色的红马。在汉朝初年，天子不能具醇驷，将相或乘牛车的情况下，匈奴竟然有如此多清一色的马匹，可见匈奴之军事实力。白登山下，汉匈双方在平城进行了几个回合的交锋，汉军伤亡惨重，冻伤者十之二三，汉高祖不得已采纳了陈平的计谋，派使者重礼贿赂冒顿单于的阏氏。阏氏谓冒顿曰："两主不相困。今得汉地，而单于终非能居之也。且汉王亦有神，单于察之。"冒顿单于本来与韩王信的部将王黄、赵利约好时间一起进攻汉军，而王黄、赵利的军队迟迟未来，冒顿怀疑他们与汉军有勾结、有阴谋，于是就听从了阏氏的建议，停止了进攻，让紧张的战事缓解一下，让双方的士兵休整一下，并把包围圈的一个角解开，让汉军可以得到些补给之类。谁曾想陈平的计谋里面还有计策，那就是趁机逃跑，匈奴大军的包围圈一解开，汉高祖和群臣趁着夜色就逃了出来，与汉朝大军会合。冒顿单于见此情势，遂引兵而去，汉高祖亦引兵而归。

平城之围后，汉与匈奴开始和亲。这个和亲应该就是陈平的计谋，但是，吕后不同意把自己的女儿嫁到匈奴去，吕后只有一个女儿，鲁元公主刘乐，吕后怎么会同意自己的女儿嫁到蛮夷那里去？经过一番周折，汉高祖刘邦派遣刘敬奉宗室女为公主出嫁匈奴，此外，西汉每年给匈奴大量的絮缯、酒米、食物，双方约为兄弟之国，并约定以长城为界，互不相犯。

汉惠帝时期，匈奴非常倨傲，冒顿单于写信给汉朝，此时汉朝最高权力掌握在吕后的手中。冒顿单于在信中说，自己独居，吕后守寡，皆无以自娱，不如娶吕后为妻，匈汉合为一家。冒顿单于这是打算吞并汉朝，并借此羞辱吕后。吕后十分生气，打算出兵讨伐匈奴，招来文武大臣商量对策。诸将皆说："以高帝贤武，然尚困于平城。"言下之意，汉高祖那么厉害，都被匈奴困在平城七天七夜，何况我们这些人。这些人是些什么人呢？萧规曹随的人，无为而治、休养生息是他们的主要任务，一说打仗，大家都不愿意。于是吕后不得不放弃出兵讨伐匈奴的主张，又选派了一位宗室女，准备了大量的礼物，继续与匈奴和亲。

汉文帝继位后，继续与匈奴修和亲之事，但是不久，匈奴右贤王入侵汉之河南地，杀掠百姓，于是汉文帝诏丞相灌婴发车骑八万五千，出击匈奴右贤王，右贤王见汉军势大，赶紧撤回塞外。第二年，匈奴冒顿单于给汉朝送来一封书信，《史记·匈奴列传》记有此事，其书曰：

> 天所立匈奴大单于敬问皇帝无恙。前时皇帝言和亲事，称书意，合欢。汉边吏侵侮右贤王，右贤王不请，听后义卢侯难氏等计，与汉吏相距，绝二主之约，离兄弟之亲。皇帝让书再至，发使以书报，不来，汉使不至，汉以其故不和，邻国不附。今以小吏之败约故，罚右贤王，使之西求月氏击之。以天之福，吏卒良，马强力，以夷灭月氏，尽斩杀降下之。定楼兰、乌孙、呼揭及其旁二十六国，皆以为匈奴。诸引弓之民，并为一家。北州已定，愿寝兵休士卒养马，除前事，复故约，以安边民，以应始古，使少者得成其长，老者安其处，世世平乐。未得皇帝之志也，故使郎中系雩浅奉书

> 请，献橐他一匹，骑马二匹，驾二驷。皇帝即不欲
> 匈奴近塞，则且诏吏民远舍。使者至，即遣之。

冒顿单于写给汉朝的这封信很重要，它里面记载了很多信息，其中有关于匈奴的资料，也有关于月氏与西域的信息。冒顿单于首先强调，是汉朝官吏侵犯了匈奴右贤王，匈奴右贤王才进入河南地的，并且，冒顿单于为了惩罚右贤王，命他西征，去征服西域诸国，让他戴罪立功。冒顿单于也向汉朝炫耀了此次西征的成果，即右贤王西征大获全胜，不仅击灭了月氏，而且平定了地处西域的楼兰、乌孙、呼揭等二十六国，北方游牧民已经合并为一家，都成为匈奴的臣民。冒顿单于的潜台词是，北方草原和西域这广大地区已属于匈奴。冒顿单于又说，匈奴不愿意长期与汉朝处于对峙状态，愿意继续与汉朝和亲，如果得到汉朝的友好回应，他也愿意做出一些让步，比如让住在边境地区的部落后撤，言外之意是解除边境上对汉朝的军事威胁。最后，冒顿单于还给汉朝准备了一份礼物，献骆驼一匹，骏马二匹，驾二驷。

西汉朝廷收到冒顿的书信后，围绕出击匈奴还是与其和亲展开了讨论。公卿皆曰："单于新破月氏，乘胜，不可击。且得匈奴地，泽卤，非可居也。和亲甚便。"于是，汉朝给予冒顿单于善意的回应，汉文帝前元六年（前174），

汉文帝给冒顿单于送去一封回信。信里首先肯定冒顿修好的意愿，认为这是古代圣明君主的做法。当然，跟匈奴一样，汉朝把汉匈关系破裂的责任推给对方，信里严正指出违背和约，离间兄弟般亲密关系的常常是匈奴。汉文帝料到冒顿的歉意不过是做戏，便顺水推舟，要求单于不要深责右贤王，顺便对冒顿单于表示慰问，赠送他一份厚礼，以体现礼尚往来。

不久，冒顿单于去世，他儿子稽粥继位，即老上单于。汉文帝履约，嫁宗室女给老上单于，继续和亲。老上单于在位期间，汉匈关系又进入紧张状态，这与宦官中行说有关。汉朝打发宗室女出嫁老上单于稽粥，朝廷派中行说随行，让他做公主的老师。中行说不想去，朝廷强派他去，中行说心中不满，说如果非要他去，必与汉朝为敌。中行说到达匈奴之后，果然投降了匈奴。由于中行说十分了解汉朝的情况，经常煽动单于要寻找有利的时机和地点，对汉朝进行劫掠。在中行说的挑唆下，匈奴对汉朝掀起新的攻势。老上单于在位期间，匈奴势力继续扩张，并且向西再次击败月氏，迫使大部分月氏人继续西迁。在这次战役中，月氏王的头颅被匈奴人砍了下来，并制成了酒器。当然，后来这件事传到了汉武帝耳中，汉武帝决定派遣张骞作为使者，出使月氏，意欲与月氏东西夹击匈奴。月氏王头骨被匈奴做成酒器之事，并非传说，而是真的存在。这个人头骨做成的酒器，匈奴亦将之作为宝物，在重要的集会或会盟时，单于就用它当饮器，直到一百年后，呼韩邪单于降汉，在与汉使会盟时，还曾拿出来使用过。

汉文帝后元三年（前161），老上单于死，儿子军臣继位为单于，中行说成为辅助军臣单于的重臣，继续破坏汉与匈奴间的关系。不久，汉文帝去世，汉景帝继位。汉景帝听从了晁错的建议，下令削藩，七国之乱由此爆发。赵王刘遂参与了叛乱，他派人与匈奴联络，勾结其南下，企图对汉形成南北夹攻之势。匈奴也想浑水摸鱼，但七国之乱很快就被平定，匈奴才不得不停止其入侵计划。景帝在位期间，中行说已死，西汉王朝按以前缔结的盟约继续与匈奴和亲，互通关市，匈奴虽时有小的骚扰，但并没有大规模的侵掠，汉与匈奴边境地区呈现和平稳定局面。

总之，汉朝建立后的七十多年间，匈奴一边从和亲中获取巨大利益，一边又不断对汉朝北部边境地区进行侵扰和掠夺；汉朝则一边用和亲缓和匈奴对中原地区的进攻和侵扰，一边养精蓄锐，做反击匈奴的准备。其实，汉与匈奴是兄弟之国，《史记》对此多有记载。而随着时代的发展，南北两大帝国的出现，对霸权的无休止的争夺，才使得兄弟反目。兄弟也罢，反目也罢，汉与匈奴的交往却从来不曾中断。汉朝边地百姓被没入匈奴者甚多，他们都去了哪里？都被杀了吗？非也。其实，大多数没入匈奴的汉人，肯定是变成了匈奴人，而大多数归义而来的匈奴人，也逐渐变成了中原人，这就是历史，真实的历史。与汉朝一样，匈奴也是文明已久，绝不是想象中的落后、愚昧。匈奴的政治架构、经济势力、军事力量等等，经过百余年的发展，其文明程度早已不容小觑，独具特色且卓有成效，这是匈奴帝国建立的基础，也是秦汉以来几百年间，中原王朝不敢小觑匈奴的真实原因。匈奴历代单于的传承虽与中原王朝有别，但也基本沿袭着父死子继、兄终弟及的传统（参见表1 匈奴单于世袭表），能够相对稳定地将权利传承几百年，这就是文明已久的最直接证明。日本历史学家白鸟库吉教授曾说，中国历史上，长时段来看，南北对抗，东西交通。诚然，南北方各有一个势力庞大的帝国，为了掌握主宰权，对抗是必然，但是交往也是必然，彼此既有竞争，更有交往交流交融，这个交融，有时候比较温和，含情脉脉，有时候就比较急躁，剑拔弩张。随着一位雄才大略的皇帝汉武帝的继位，汉与匈奴的关系迎来了一个新时代，并且深深影响了包括月氏在内的西域诸国，甚至整个世界。

表1　匈奴单于世袭表

开始时间	结束时间	单于名称	世袭关系
？	前209年	头曼单于	
前209年	前174年	冒顿单于	头曼子
前174年	前161年	老上单于	冒顿子稽粥
前161年	前126年	军臣单于	老上子

开始时间	结束时间	单于名称	世袭关系
前126年	前114年	伊稚斜单于	军臣弟
前114年	前105年	乌维单于	伊稚斜子
前105年	前102年	乌师庐儿单于	乌维子
前102年	前101年	呴犁湖单于	乌师庐儿继父
前101年	前96年	且鞮侯单于	呴犁湖弟
前96年	前85年	狐鹿姑单于	且鞮侯长子
前85年	前68年	壶衍鞮单于	狐鹿姑子
前68年	前60年	虚闾权渠单于	壶衍鞮弟
前60年	前58年	握衍朐鞮单于	乌维耳孙屠耆堂
前58年	前31年	呼韩邪单于	虚闾权渠子稽侯珊
前31年	前20年	复株累若鞮单于	呼韩邪子雕陶莫皋
前20年	前12年	搜谐若鞮单于	复株累若鞮弟且糜胥
前12年	前8年	车牙若鞮单于	搜谐若鞮弟且莫车
前8年	13年	乌珠留若鞮单于	车牙若鞮弟囊知牙斯
13年	18年	乌累若鞮单于	乌珠留若鞮弟咸
18年	46年	呼都而尸道皋若鞮单于	乌累若鞮弟舆
46年	46年	乌达鞮侯单于	呼都而尸道皋若鞮子
46年	48年	蒲奴北单于	呼都而尸道皋若鞮弟
48年	56年	醢落尸逐鞮南单于	乌珠留若鞮子

西　迁

　　月氏曾是河西乃至北方草原的霸主，它强大的时候，匈奴都俯首称臣。头曼单于的这个"头曼"，其实就是月氏所封，是万户长的意思。后来强大起来的匈奴，开始了反击，最终击溃了月氏。月氏无奈，只得逃遁。西逃的月氏毕竟不是等闲之辈，还有较为强大的战斗力，他们逐渐到达了伊犁河、楚河流域。这是一片在今天看来，都郁郁葱葱的地区，土地肥沃，青草茂密。月氏人很顺利地赶走了当地的塞人，占据此地，安逸的生活让月氏人渐渐忘却了不久前的那场厮杀。或许是因为月氏还有较强的战斗力，已经当上北方草原霸主的匈奴哪能容忍，所谓卧榻之侧岂容他人鼾睡是也，必然是要将其置之死地而后快。但是匈奴竟然没有亲自出兵，而是叫来乌孙王子，对他说："我支持你，你去报仇吧。"这个乌孙王子，有人认为可能就是前文我们所说的侵犯汉之河南地的右贤王。笔者认为这种可能性不大。我们认为右贤王是匈奴的右贤王，是又一次给了月氏致命打击的右贤王，乌孙王子则是被匈奴抚养、扶持的小王子，并不可能是同一个人，因为他们后来的发展轨迹，乃至主要生活空间，明显是不一样的。

乌孙和月氏也是有仇的，看来当年做霸主时的月氏，还是得罪了不少邻居。其实，早年的乌孙和月氏同样生活在敦煌、祁连间，但是，强大起来的月氏，想独霸这一片沃土，便用强大的武力赶走了乌孙，并杀了他们的王难兜靡。小王子昆莫死里逃生，躲过一劫，无奈之下，投靠同样曾受月氏欺凌的匈奴。匈奴单于见到敌人的敌人，自然是分外怜悯，便收留了乌孙小王子，并给他牲畜、兵马。如今长大了的乌孙王子，又怎能不报仇，何况还有匈奴的支持。于是乌孙大军兵临月氏，结果可想而知，乌孙一战而胜，并将富饶的伊犁河、楚河流域据为己有。又一个鸠占鹊巢，可怜的月氏，只得继续逃遁，逃到哪里去呢？继续向西？不，这次向南。

月氏的第一次西迁，主要是从河西逃到了东天山一带，这应该是在冒顿单于时代。第二次西迁，则是被匈奴右贤王所败，从东天山一带迁到伊犁河、楚河流域。第三次大迁徙则是受到乌孙的攻击之后发生的。当初，月氏把原来居住在伊犁河、楚河流域的塞人赶走了。塞人去哪里了呢？塞人向西、向南逃遁去了。既然是逃遁，方向自然是不固定的，所以西域乃至中亚各地多有塞人城郭。但是，即使在丝绸之路贯通之前的时代，这些见多识广的游牧民也不是完全不知道丝绸之路沿线的道路交通，他们是游牧民，他们是马的主人，他们早已经在这片广袤的土地上游走，他们很可能知晓通往东西南北的道路，所以，塞人虽然是逃遁而去，也必然是有路可循，而不完全是没目的地乱跑。塞人中的一支南下进入了费尔干纳盆地，另一支则进入了巴克特里亚，并分别建立了两个较为强大的国家，一个是大宛，一个是大夏。

当月氏受到乌孙打击之时，月氏人亦是沿着塞人走过的道路，向西、向南迁徙。他们首先经过了大宛国，后来又到达了大夏国。过大宛国的时候，竟然什么都没有发生，至少史书是这样记载的，没有纷扰，没有争夺，更没有鸠占鹊巢，看来月氏和大宛关系不一般，他们像走亲戚一般，寒暄之后，月氏再次奔上旅途。月氏与大宛无战事，令很多人疑惑不解，怀疑月氏与大宛的关系。他们难道是兄弟？难道是旧相识？不然怎么会有如此平静的会面。可是，不久前，在伊犁河、楚河流域，塞人不是刚刚被月氏人驱逐吗？他们之间不是也发生过争夺吗？

而在大夏国发生的就是另外一回事了。月氏人不但占据了大夏的首都巴克特里亚，而且灭了大夏国，建立了新的大月氏王国，国王是被匈奴砍了头做成酒器的月氏王的王后。竟然是位女性，这很令人惊讶，尤其令张骞惊讶，被他记了下来，后来又被司马迁记到《史记》中。

这个被乌孙击败逃遁而来的月氏竟然还有如此的战斗力，一举灭了大夏。对此，学术界是有争议的，即大夏到底是个什么样的国家？一种说法是，大夏是希腊人建立的国家。当年随着亚历山大大帝东征的将士，在亚历山大大帝死后，建立了割据政权巴克特里亚，即大夏，部分学者认为他们是农耕民。而另一种说法是，这个希腊人建立的大夏被南迁中的塞人的一支所消灭，他们继续称大夏国，但是是塞人大夏国，后来这个塞人大夏又被迁徙而来的月氏灭掉。其实主要问题是，月氏是灭掉了希腊人大夏国还是塞人大夏国，我们依然没有结论，只有猜测。月氏迁徙而来的时候，为何厚大宛而薄大夏？可见此时的大夏与月氏应该不是亲戚，故我们怀疑月氏所灭的大夏是希腊人的大夏，但是此大夏国已经有塞人迁徙进来。虽然有学者认为塞人灭亡了希腊人大夏，新建了大夏国，但我们猜测也许并没有真正建立新的大夏国，或许他们是在一起杂居，即已经迁徙进来的塞人或许在大夏国之中只是建立相对独立的翕侯国，而希腊人大夏国直到月氏人到来的时候才被完全消灭，后来在大月氏治下的翕侯国就是希腊人大夏国之内的塞人翕侯国的延续。塞人与月氏之间虽然有过争夺，但是他们之间应该是有某种亲密关系的，这应该是月氏过大宛时双方未有战事的原因，《汉书》中也说他们"虽颇异言，然大同，自相晓知也"。

月氏占领了大夏的地盘，就是今天的阿姆河流域，他们发现这个地方土地肥沃，物产丰富，便快乐地再次定居下来，以至于张骞费尽九牛二虎之力来联合他们共同打击匈奴的时候，他们竟然乐不思蜀了。这一支从敦煌、祁连间陆续迁徙到阿姆河流域的月氏，被史学界称为大月氏，由于他们的不断迁徙以及精彩表现，被古今中外史学家广为关注，着墨甚多。而在迁徙过程中，由于各种原因，没有迁徙或者中途停止迁徙的月氏部落就被史学界称为小月氏。

月氏的西迁影响巨大，引起了一波民族大迁徙，使中亚、南亚的历史发生剧变，影响波及西亚、中国以至东欧，极大地促进了中西交通的发展。具体来说，月氏西迁，导致西域诸国在天山南北重新分布，塞人南下，乌孙西迁，匈奴则从蒙古高原进驻析罗漫山巴里坤草原、吐鲁番盆地。后来，吐鲁番盆地的小月氏两部落归降汉朝，从吐鲁番东迁酒泉，又引发了西域诸国新一轮的迁徙。在汉朝与匈奴对西域的争夺战中，车师人从罗布泊西岸北迁吐鲁番盆地小月氏故地，后来分化为车师前后王及山北六国，楼兰人则南下鄯善河车师故地，更名鄯善。匈奴击败大月氏时，西域只有二十六国，而到东汉班固写《汉书》时，西域发展为三十六国，最后增至五十五国。

月氏西迁打乱了西域原来的民族构成与政权格局，并且带动了其他民族、部落的迁徙，由此出现了一次西域政治的大洗牌、大整合，这是任何人都始料未及的。前期，月氏西迁之后，匈奴成为这一地区的霸主，匈奴设僮仆都尉管辖西域诸地，即为匈奴主宰西域时期。由于匈奴与西域草场相连，故匈奴对西域的影响极大，西域城邦诸国多依附匈奴。《汉书·西域传》说："匈奴西边日逐王置僮仆都尉，使领西域，常居焉者、危须、尉黎间，赋税诸国，取富给焉。"更甚者，匈奴之影响力波及大宛、大月氏、康居诸国。匈奴使者在上述地区畅行无阻，各国提供车马饮食，而汉朝使者在这些地区就步步受阻，"非出币物不得食，不市畜不得骑"。

后期，随着汉朝实力的增强，开始主宰西域政局。骠骑将军霍去病击破匈奴，纳降浑邪王，河西走廊完全成为西汉之腹地。汉武帝于是设武威郡、酒泉郡、张掖郡、敦煌郡，武威者扬大汉之威，张掖者张中国之腋，而后，汉武帝下令修建玉门关、阳关，作为进出西域的门户，从此西汉之势力扩张至西域。再后来，贰师将军李广利伐大宛，西域震惧，多遣使来中国贡献，西汉开始修建从敦煌西至罗布泊的交通道路，往往起亭，并派士兵屯田戍守，设置使者校尉领护，以供来往西域的使者、官员、商人停留与休整。

西汉中期，即汉宣帝时期，汉朝与匈奴其实是分治西域，西域南道归汉朝管辖，西域北道被匈奴控制。后来，汉朝在与车师的战争中取得胜利，亲匈奴的车师贵族被杀，亲

汉的车师贵族主宰国政，汉与西域北道诸国关系缓解，匈
奴之势力开始后退。再后来，匈奴内乱，日逐王归顺汉朝，
"护鄯善以西使者郑吉迎之。既至汉，封日逐王为归德侯，
吉为安远侯"。车师以西大片领土，进入汉朝的势力范围，
汉朝才得以逐步控制西域北道。以前汉朝的西域官员只是护
持西域南道，到了此时，西域北道亦归汉朝管理，故"都
护"一词产生，即并护持西域南、北二道，首任西域都护即
为郑吉。匈奴在西域北道的势力被清除，匈奴设置的僮仆都
尉亦由此废除，匈奴益弱，不得近西域。西域都护主要负责
督察乌孙、康居等国，动静有变以闻，即主要职责是刺探情
报，随时上报朝廷。后来西域都护府的权利不断扩大，有了
军事权，并且皇帝授予他们便宜行事的权利，如果西域诸国

图14　阳关烽燧

发生了什么事情，他们有随机应变、当机立断的权力与责任，所谓"可安辑安辑之，可击击之"是也。西域都护治乌垒城，距离阳关两千七百三十八里，与渠犁田官相近，土地肥饶，于西域为中，故都护治焉。

至汉元帝时，复置戊己校尉，在车师前王庭屯田。戊己校尉也是两汉时期西域的重要力量，其治所在吐鲁番盆地附近，距离中原更近一点，兵马也更多一些，它的设置是为了支援西域都护府。西域都护府帐下并没有多少兵士，而在距离西域都护不远的吐鲁番盆地设置一个军事屯田组织，必然有利于汉朝对西域的管理。因为就算是敦煌距离西域都护府的距离，也有两千七百三十八里，如果西域有什么事情，兵出敦煌，绝对是远水解不了近渴的。西域都护府与戊己校尉的设置，加强了汉朝在西域的力量。西域自汉宣帝、汉元帝之后，与汉朝的关系更为紧密，南匈奴呼韩邪单于的归顺，更加稳定了汉朝与西域的关系。且汉朝对西域的土地山川、王侯将相、户口胜兵、道里远近也越来越熟悉。再者，使者、官员们将他们获得的各种信息不断上报朝廷，后来这些信息又被记载到了史书之中，上文我们使用过的西域诸国的户口与胜兵数量，肯定就是这一时期采访而来的数据，并且这个数据绝对是某年某月的真实数据。

迟至东汉，汉朝与匈奴之间还在争夺西域的领导权，可见西域之重要。此时汉朝国力衰弱，无力控制西域，故匈奴势力再次渗入西域，接替汉朝主宰西域。而双方对西域的经营，有利于西域的发展，尤其是有利于西域交通道路的建设与开发，因为出于军事目的的信息传送系统，后来成为汉帝国丝路交通的主干线。当时的丝绸之路主干线即为上文我们所说的西域南、北两道，两道总凑敦煌，由玉门关、阳关扼守。出阳关，从鄯善傍南山北，波河西行至莎车，为南道，南道西逾葱岭则出大月氏、安息。出玉门关，自车师前王庭随北山，波河西行至疏勒，为北道，北道西逾葱岭则出大宛、康居、奄蔡。汉代敦煌的重要性与此南、北两道息息相关，故敦煌附近多有汉代遗址、遗迹。西北的环境相对来说是恶劣的，但是天无绝人之路，戈壁、荒漠之中的绿洲，为

图15　玉门关附近长城遗址

往来的使节、商旅提供了必要的水源与食物。

总之，由于有了上述的交通路线，并且汉朝设置西域都护府之后，保护了上述重要的交通路线，使得远迁中亚的大月氏仍然可以与汉朝保持着密切的交往。不仅是大月氏，安息、大宛、康居、奄蔡、罽宾、乌孙诸国都可以依赖此道路与汉朝保持密切交流，这也被史书的记载和更多的出土文献所证明。虽然那个时代的交通条件很差，每天只能行进三十到五十里，但是依靠西域南、北两道，也就是后来的丝绸之路，让人们实现了东西方的各种交流，其交流的频繁程度绝对超出了我们的想象。这就是两汉时代，帝国之间的交流状态。

大月氏与汉朝的交往

汉武帝时期，张骞两次出使西域，打通了西域诸国与汉王朝的交流渠道，这是对中国历史乃至世界历史产生重要影响的事件。不是说张骞以前的东西方交流不存在或者不重要，而是张骞之后，这条交流的通道变得更加畅通无阻。当然这与卫青、霍去病诸人出兵匈奴是分不开的，军事上的胜利保障了通道的畅通。而张骞的两次出使，直接带来了东西方之间面对面的接触，而如此直接的接触，打开的不仅仅是贸易之路，也是心灵之路，更是友谊之路。当然，所有的美好都伴随着争斗与杀伐，在这些美好的事情开始之前，还要经历一段血腥的杀戮。

前文我们说过，匈奴已经崛起，且来势凶猛，不可阻挡，以至于东胡与月氏皆要退出争霸的舞台，初立的大汉王朝亦是如此，也败下阵来。但是西汉王朝与东胡、月氏相比，还是强大许多，西汉初年的几代君王，皆采取和亲之策，与匈奴维持暂时的和平局面。随着西汉国力的增长，尤其是到了汉武帝时期，开始了对匈奴的征战。但是面对强大的匈奴，还是要采取一些策略的。当汉武帝听说，匈奴打败月氏之后，将月氏王的头骨做成酒器时，汉武帝君臣想到了一个对打击匈奴有帮助的办法，即联合被匈奴欺负的月氏，与汉一起，东西夹击匈奴。这其实只是汉武帝在正面打击之外的一个小插曲，他显然没有将这个办法当作救命稻草，没有将这个办法当成雪中送炭的必须，而是当作了锦上添花的补充。因为后来，张骞被匈奴扣留，十年之后才到达大月氏，汉武帝并没有等张骞联络月氏成功，就已经发兵攻击匈奴了。

张骞为何会成为出使月氏的使者，史书中有记载。主要是说，"骞为人强力，宽大信人，蛮夷爱之"，可是通过张骞的籍贯与出身，难以发现他胜任出使的其他才能，但是张骞在汉武帝发出征募诏令后，竟得以成功应聘，成为西汉使团的正使。张骞团队的成员我们目前并不清楚，史书只记载了一位极其重要的人，即"堂邑氏奴甘父"，一个叫甘父的奴隶，还是堂邑氏家的。张骞得知此人有才干、有本领后，把他请了过来，准确地说是赎买而来。甘父应该是从北方草原投奔而来的游牧民，不知何故，成了堂邑氏家的奴隶，他后来的诸多技能，使得我们认为他绝对是早年归义汉朝的游牧民。张骞的宽大信人，必然使得甘父与之建立了极好的关系，这也是后来甘父与张骞生死相依的基础。

图16　敦煌壁画《张骞出使西域图》

　　张骞出使之时，汉匈之间虽然还没有开始大规模的征战，但是此时已经是磨刀霍霍了。张骞很不幸，一出陇西，就被匈奴人抓住了，张骞也很幸运，在两个大国交战的前期，匈奴单于对来自汉朝的人才还是很重视的。匈奴单于义正词严地责问张骞："月氏在吾北，汉何以得往使？吾欲使越，汉肯听我乎？"一番责难之后，匈奴单于对张骞改变了态度，劝说其归降匈奴，张骞誓死不从。匈奴单于也很人道，给了张骞牛羊，帮他娶了老婆，让他留了下来，后来张骞的匈奴妻子还给他生了儿子。张骞本该就此老死草原，默默无闻了，但是，张骞却仍然记得自己的使命，时刻准备着完成自己的使命。其实，匈奴单于也不愚钝，知道张骞不会就此罢手。匈奴单于肯定要用些办法，防止张骞逃亡，便将使团人员分散各地。一百余人的队伍被分散各地，肯定集合不起来了，张骞就成了孤家寡人，要跑也没有帮手，这是防止他们结伴逃亡的好办法。题外话，这些分散各地的汉人，后来不就成了匈奴人了吗？当然，他们中的大部分肯定就要老死草原了，这可见当时的汉匈之间的交往情况；再就是，匈奴单于侵扰汉的边郡，掳掠而来的人口，肯定亦是要老死草原，而这种大范围的人种的交流，带来的必然是更大、更多的交流，如技术、语言、文字、服饰等等。

使团被分散后，张骞果然是孤家寡人了，但是有一个人例外，就是甘父，甘父还在张骞身边，没有被分到其他地方，这应该与甘父是张骞奴隶的身份有关，虽然张骞从不会把甘父看作奴隶。后来匈奴内乱，张骞与甘父趁机出逃，继续向西，寻找月氏，完成他的使命。说实话，我们猜测，张骞出使月氏之初，其实并不知道月氏在哪里，只是听闻月氏在匈奴之西，如果当时没有匈奴的截击，张骞也许还是找不到月氏的部落，而在匈奴多年的生活，张骞逐渐知晓月氏的具体方位以及相关情况，才能够顺利到达月氏。张骞西逃的路上，行走了数十日之后，终于到达了大宛。大宛在今天的费尔干纳盆地，这是一片富饶的土地，大宛虽不算是大国，但也绝对算中等国家。大宛国应该也是消息灵通的，他们必然知道，汉与匈奴之间发生了大的战争，而见到张骞之后，大宛国君臣都很高兴，因为他们听说汉朝很富有。张骞趁机向大宛君臣许诺说，如果把他送到月氏，以后他回到汉朝，大汉皇帝和自己肯定给大宛送来许多金银财宝。大宛君臣听信了张骞的许诺，派遣使者把张骞送到康居，再从康居送到大月氏。

费尽千辛万苦到达大月氏的张骞，终于见到了大月氏的君王，即被匈奴杀害的月氏王的夫人。月氏此时已经越过阿姆河，征服了大夏，占据了一片富饶的土地，生活得很是安逸，已经忘了匈奴追杀他们的往事，也不想再找匈奴报仇了。当然，大月氏不是不想，而应该是不敢想。匈奴对他们来说肯定是梦魇，但是他们也不糊涂，他们是不敢凭空说大话的，随便答应张骞和匈奴继续为战，战争可不是那么简单的事情，况且匈奴离得又那么远，如何去战？

张骞从大月氏到了大夏，这个大夏应该是大夏之地，不应该是大夏之国，如果还是大夏之国，那就是说大月氏征服大夏是一个很漫长的过程，到此时还没有完成对大夏的征服。但是大夏却好像与大月氏并不是仇敌，如果是仇敌，张骞怎么能去大夏，去了大夏之后他应该会感受到异样。而史书中的记载，张骞在大月氏与大夏并没有感觉到特别异样，因此可见此大夏应该是被大月氏征服的大夏之地巴克特里亚，而不是原来的大夏国。

张骞在大月氏逗留了一年多，仍然没有完成联合大月氏夹击匈奴的使命，没办法，张骞决定回汉朝复命。回来的路上，张骞与甘父又被匈奴抓住，相比上一次，此时的张骞肯定是应对自如，他肯定早就学会了匈奴的语言，并且还有一个甘父相助。张骞很沉得住气，又在匈奴生活了一年多。不久，匈奴单于死了，国内大乱，张骞趁机带着胡人妻子和甘父逃回汉朝。张骞之所以能够逃回，我们猜想与卫青、霍去病出击匈奴有关。随着他们的征战，汉朝的边疆不断地外延，匈奴的地盘在缩小，故使得张骞能够更容易逃归。

张骞出使的时候，使团有百余人，而如今只有他和甘父回来了。张骞虽然没有完成使命，但他沟通了中西文明，加强了各民族之间的了解，这就是张骞的伟大之处，张骞的历史功绩也在这里。因为他的主要任务与其说是联络大月氏夹击匈奴，还不如说是刺探情报，去西方或更远的地方打探情报，而张骞在匈奴十余年、在月氏一年多的经历，使他得到了当时卫青、霍去病都无法得到的重要机密情报，他对当时的西域局势的认知，是大汉第一人。《汉书·张骞传》说："骞身所至者，大宛、大月氏、大夏、康居，而传闻其旁大国五六，具为天子言其地形所有。"

张骞出使西域是有记载的中原人第一次深入西域腹地，是中原同河西走廊以西地区之间的首次正式外交接触。其实，中原通往西域的道路早就存在，但是，常常因一些部落或民族纠纷而中断或改道，尤其常被匈奴人阻断，使得人们对道路的行经地点和具体路线、地理概念等相当模糊。张骞出使西域后，人们的地理知识得以大大扩充，加之汉王朝在西域地区采取了各种有力措施，使这条贯穿东西的通道得以畅通，从而出现了中西交通空前繁荣的局面。

由于张骞在匈奴生活多年，熟知匈奴的山川道路、水草居处，所以汉武帝让他作为向导，跟随卫青、霍去病出击匈奴。张骞让汉军免除了疲敝之苦，汉军大胜，张骞因功被封博望侯。在后来的战斗中，张骞失期，即没有按时到达作战位置，被废为庶人。但是，由于张骞是当时西汉王朝最熟悉西域形势的人，汉武帝多次召见他，咨询西域情况。张骞将他所见所闻的西域情况，详细汇报给了汉武帝，汉武帝对西域充满了向往，张骞趁机将乌孙的故事告诉了汉武帝，乌孙的故事上文我们也曾提及。

由于张骞出使大月氏招降不成，张骞感觉大月氏肯定是不会回居故地与汉朝夹击匈奴了，而乌孙又成了他要招降的对象。张骞将这个想法告诉了汉武帝，汉武帝同意了张骞的想法，并决定支持他。于是张骞第二次出使西域，目的地就是乌孙，汉武帝拜张骞为中郎将，带领三百人，马各二匹，牛、羊以万数，赍金币帛，价值数千巨万，出使乌孙。此次出使，汉武帝还给张骞派了多位持节副使，路上即可随机应变，派遣他们出使其他国家。可是，张骞到了乌孙之后，发现情况还是不妙，乌孙也不愿意回归故土与汉朝夹击匈奴，并且乌孙王年老，诸子争权，一时半会儿，不会有大的作为或决断。

张骞在乌孙停留期间，不断地派遣副使出使周边诸国，尤其是上次对他有帮助的大宛、康居以及大月氏。张骞许诺给大宛金银财宝，这次张骞带着众多宝物而来，必然要兑现承诺，张骞本来就是信守承诺的人，怎能失信于人。并且张骞副使的出使道路也是畅通的，因为乌孙王派遣使者、翻译数十人，马数十匹，带领汉朝的使者出行诸国，诸国亦派遣使者随张骞返回长安答谢。康居、大月氏、大宛诸国虽然是地方强国，但是当他们的使者一到中原，一入长安，即发现汉之富有强盛，众皆惊骇，回国之后一汇报，诸国君臣开始愿意与汉朝交往，诸国与汉朝的联系逐渐频繁、密切起来。

悬泉置遗址出土的简牍印证了大月氏与汉朝的往来。悬泉置遗址位于甘肃瓜州和敦煌交界处，在瓜敦公路南侧一公里的山丘底下，遗址南部是三危山余脉火焰山，山涧有泉水流出，名曰悬泉水，经年不断，悬泉置即由此得名。遗址的院落、房屋、马厩等均为汉代遗存，但坞院的西南角压一烽墩，属魏晋遗存，故遗址的时代总体上属汉晋时期。该遗址是一个边长五十米的正方形院落，总共两千五百平方米，院门东开，院内有二十七间大小不等的房屋供人居住和办公，院落南墙外有专门养马、拴马的马厩。出土的汉简，有字者二万三千余枚，另有竹木漆器、草编器、皮革、丝织器、毛麻织品等六千余件，铁器类生产工具二百二十余件，各类陶器陶片三万余件。

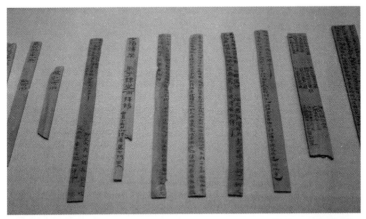

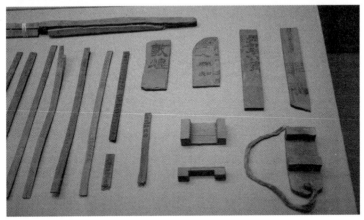

图17　汉简

悬泉汉简中有许多关于西域的资料，涉及的西域诸国有楼兰、且末、小宛、精绝、扜弥、渠勒、于阗、蒲犁、皮山、大宛、莎车、疏勒、乌孙、姑墨、温宿、龟兹、仑头、乌垒、渠犁、危须、焉耆、狐胡、山国、车师等，几乎所有西域诸国与汉王朝的来往，都在悬泉汉简中有所反映。目前所知的月氏简，有十九简，大部分是悬泉置出土，其中记载了许多史书未载的珍贵信息，它们反映了汉主要是西汉与大月氏之间的交往情况。前辈学者，尤其是甘肃省简牍博物馆的张德芳研究员，对月氏简做过深入研究，我们依据张德芳研究员公布的简牍图片及录文，再行补充讨论一番。先介绍一下悬泉汉简编号的意义，以Ⅰ90DXT0114③：145为例：Ⅰ代表发掘区域，90代表1990年，DX代表敦煌悬泉，T0114代表探方号，③代表发掘层位，145代表简牍编号。

　　出马五十六匹，送大月氏客张子文付□□□。

（Ⅰ90DXT0114③：145）

　　神爵二年四月戊戌，大司马车骑将军臣□承制诏请□：大月氏、乌孙长□凡□□□富侯臣或与斥候利邦国、侯君、侯国、假长□□□中乐安世归义□□□□□□□□□。为驾二封诏传，十人共□，二人共载。御史大夫□下扶风厩，承书以次为驾，当舍传舍，如律令。十月□。

（Ⅰ91DXT0309③：59）

　　客大月氏、大宛、疏勒、于阗、莎车、渠勒、精绝、扜弥王使者十八人，贵人□人。

（Ⅰ91DXT0309③：97）

归义大月氏贵人一人，贵人□一人，男一

人，自来龟兹王使者二人，贵人三人，凡□人。

（Ⅰ91DXT0309③：98）

府移玉门书曰：降归义大月氏闻须勒等。

（Ⅰ91DXT0405④A：22）

以上是第一发掘区域内出土的月氏简，其中有准确纪年简一枚，即神爵二年（前60）。神爵为汉宣帝的年号，神爵二年有一件大事发生，即西汉于此年设西域都护府，当然，西域都护的始置是在神爵二年，但是其开府施政是在神爵三年（前59）。西域都护府设置前后的历史大背景，我们有必要关注一下。此时是汉宣帝统治的中期，国家逐渐达到中兴，军事上也取得了连续的胜利，近的地方，汉宣帝平定了金城附近的西羌叛乱，远的地方，汉朝在与车师的战斗中取得了胜利，匈奴贵族日逐王归顺了汉朝，匈奴单于也遣名王奉献，向汉朝示好，此时的天下，可谓是达到了汉武帝时用武力都没有达到的大治。

《汉书》卷八《宣帝纪》载：

神爵元年春正月，行幸甘泉，郊泰畤。三

月，行幸河东，祠后土。西羌反，发三辅、中都官徒弛刑，及应募佽飞射士、羽林孤儿，胡、越骑，三河、颍川、沛郡、淮阳、汝南材官，金城、陇西、天水、安定、北地、上郡骑士、羌骑，诣金城。夏四月，遣后将军赵充国、强弩将军许延寿击西羌。

（神爵元年）六月，有星孛于东方。即拜酒泉太守辛武贤为破羌将军，与两将军并进。诏曰："军旅暴露，转输烦劳，其令诸侯王、列侯、蛮夷王侯君长当朝二年者，皆毋朝。"秋，赐故大司农朱邑子黄金百斤，以奉祭祀。后将军充国言屯田之计，语在《充国传》。

（神爵）二年春二月，诏曰："乃者正月乙丑，凤皇甘露降集京师，群鸟从以万数。朕之不德，屡获天福，祗事不怠，其赦天下。"夏五月，羌虏降服，斩其首恶大豪杨玉、酋非首。置金城属国以处降羌。秋，匈奴日逐王先贤掸将人众万余来降。使都护西域骑都尉郑吉迎日逐，破车师，皆封列侯。（九月）匈奴单于遣名王奉献，贺正月，始和亲。

总之，回看神爵元年与神爵二年的历史大背景，可以发现，这一时期果真是汉匈之间争霸的一个节点，经过汉武帝、汉昭帝时代的努力，终于在汉宣帝时代，对匈形势有了大的好转，故使得西汉王朝在西域取得了较大的战略优势。受这种战略优势影响最大的必然是西域诸国，他们必然是最先体会到这种变化的，故他们中的一部分，开始归附汉朝。虽然史书没有记载这些情况，但是悬泉汉简却保存了这些真实的情况，成为我们今天认识公元前60年前后西域局势的重要材料。

据张德芳研究员揭示，与Ⅰ91DXT0309③：59、Ⅰ91DXT0309③：97、Ⅰ91DXT0309③：98简同层出简三百三十七枚，其中纪年简六十一枚，占百分之十八。六十一枚纪年简中，除了一支简是汉昭帝元平元年（前74）外，其余纪年简都是汉宣帝时期的，其中元康、神爵、五凤三个年号最多，最为集中的时间段是元康元年（前65）至五凤四年（前54），共十二年。上述59号、97号、98号简基本就是这个时段内的简牍，而59号简的时间就是神爵二年（前60），故我们认为这个时间应该是月氏人"归义"的关键点，因为此后的悬泉汉简中的月氏简，多没有出现"归义"二字。有"归义"文字的三枚汉简，均出现在这个时期，恰恰说明了这种状况。当然，这有我们猜测的成分，但是这种猜测绝对是合理的。张德芳研究员认为Ⅰ91DXT0405④A：22简的年代在公元元年前后，但此简还有诸多不明之处，故笔者将此简的时代也放在神爵前后的大时间段内。

总之，我们认为这个整体的"归义"现象，与上文我们所说的大历史背景有关系。此外，我们认为西域都护府的真正职能是保护丝绸之路南、北两道的畅通，刺探诸国情报，其他职能是后来逐渐增加的，管辖区域也是逐渐扩大的。西域都护府的正式设立，标志着西域诸国逐渐成为西汉之附属国，在西域之外的康居、大月氏等，知晓了这个变化，他们必然也要加强与汉朝的联系。故我们认为这个西域都护府的设置，促进了部分西域部落、民族的"归义"：第一，他们感受到了压力；第二，他们有了可"归义"的对象。

我们再看几支悬泉汉简的录文：

大月氏王副使者一人。（Ⅱ90DXT0114③：273）

□□□遣守候李□送自来大月氏休密翕侯□□□贵人□密贵人□□□□□弥勒弥□……□□□□□□□客皆奉献诣行在所，以次为驾，二乘传。三月戊申东。

建昭二年三月癸巳朔辛丑敦煌大守彊、守部候修仁行丞事，谓敦煌：以次为驾，如律令。（Ⅱ90DXT0216②：702）

出粟一斗八升。以食守属周生广送自来大月氏使者积六食，食三升。六石八斗四升，五石九斗四升。
（Ⅱ90DXT0214②：126）

入粟三斗，马二匹。鸿嘉三年闰月乙亥，敦煌厩
官章奴受悬泉啬夫长送大月氏。（Ⅱ90DXT0214②：
241）

这几支月氏简是第二发掘区内出土的。综合考察这些文
献，让大家切实感受到两个政权之间的交往情况。建昭是汉
元帝时期的年号，鸿嘉是汉成帝时期的年号，从第二发掘区
出土的这几支月氏简来看，其主要内容是关于迎送大月氏使
者的记载，而其中最为重要的，也是学界前辈已经注意到的
问题，即其中有休密翕侯的记载。

《汉书》卷九十六《西域传》载：

大夏本无大君长，城邑往往置小长，民弱畏战，
故月氏徙来，皆臣畜之，共禀汉使者。有五翕侯：一
曰休密翕侯，治和墨城，去都护二千八百四十一里，
去阳关七千八百二里；二曰双靡翕侯，治双靡城，去
都护三千七百四十一里，去阳关七千七百八十二里；
三曰贵霜翕侯，治护澡城，去都护五千九百四十里，
去阳关七千九百八十二里；四曰肸顿翕侯，治薄茅

城，去都护五千九百六十二里，去阳关八千二百二
里；五曰高附翕侯，治高附城，去都护六千四十一
里，去阳关九千二百八十三里。凡五翕侯，皆属大
月氏。

读《汉书·西域传》，其中记载了大月氏统治下大夏之
地有五个翕侯国，即休密翕侯、双靡翕侯、贵霜翕侯、肸顿
翕侯、高附翕侯，我们有时候甚至怀疑这些记载的真实性、
可靠性，而悬泉汉简中关于这些翕侯的记载，让我们认可了
《汉书》等史书的真实性。并且知道这些翕侯国是有独立的
外交权的，他们可以以自己的名义与汉朝交往，并且还要去
见汉朝的皇帝。对历史研究而言，这些记载是弥足珍贵的。

这里我们再举几例：

西书十四封，合檄一。四封章破，诣府；
一封广校候印，诣府；四封都尉印，诣府；一封
河内诣郡仓；一封章破，诣使送大月氏使者；
合檄一，诣府掾；正月丁亥日未入，出西界。
（Ⅴ92DXT1210③：97）

初元二年七月戊辰，使大宛□□者□□□中郎
丞汉，承制诏侍御史□□□大月氏□□□□副意与

庠候□敞赵□□为驾二封轺传，二人共载。

御史大夫万年下扶风厩，以次为驾，当舍传舍，如律令。四月□□过东。（V92DXT1210③：132A）

使大月氏副右将军史柏、圣忠将大月氏双靡翕侯使者万若，山副使苏赖，皆奉献言事诣行在所，以令为驾一乘传。

永光元年四月丁酉朔壬寅，敦煌大守千秋、长史章、仓长光兼行丞事，谓敦煌：以次为驾，当传舍，如律令。四月丙午过，东。（V92DXT1210③：132B）

校尉丞义使送大月氏诸国客，从者一人，凡二人，人一食，食三升，东。（V92DXT1311③：129）

出粟三升。以食守属因送大月氏客，一食，食三升。（V92DXT1311③：140）

甘露二年三月丙午，使主客郎中臣超，承制诏侍御史曰顷都内令霸副候忠使送大月氏诸国客，与庠候张寿、候尊俱为驾二封轺传，二人共载。御属臣弘行御史大夫事，下扶风厩，承书以次为驾，当舍传舍，如律令。（V92DXT1411②：35）

使大月氏假司马（V92DXT1511④：2）

出粟四斗八升，以食守属唐霸所送乌孙大昆弥、大月氏所□。（V92DXT1712⑤：1）

甘露是汉宣帝的年号，甘露二年（前52）御史大夫府开具了一封传信，要求从扶风厩以西的沿途驿站，都要为送大月氏诸国客的使者提供食宿和车辆。永光是汉元帝的年号，此简大意是，朝廷派出使者出使大月氏，东返时与大月氏双靡翕侯的使者万若和山国使者苏赖一同路过敦煌悬泉置，他们要"奉献言事诣行在所"，即要面见天子，有事情上奏。细细品读这些月氏简，我们可以知道很多信息，这是我们今天了解正史记载之外的汉朝与大月氏交往的宝贵材料，字字千金。出使大月氏的副右将军史柏、圣忠带着大月氏双靡翕侯的使者万若、山国副使苏赖，来汉朝拜见皇帝，这是一个一去一回的使团，他们出使了大月氏，现在带着双靡翕侯的使者回汉朝汇报情况。这个记载真实地再现了诸国之间使者的往还，并且这些使者的往还不止一个来回，就如同出使乌孙的常惠，他的一生都奔波在这条长长的"丝路"上，而如此多的熟悉"丝路"道路、诸国情况的使者的往还来回，带来的是诸国之间的情报与机密。

大守守属禹一食西送大月氏副使者。（引自《敦煌汉简》，汉简编号1328）

这段文字是1987—1989年在敦煌悬泉附近采集到的一枚汉简的内容，上面亦载有大月氏。

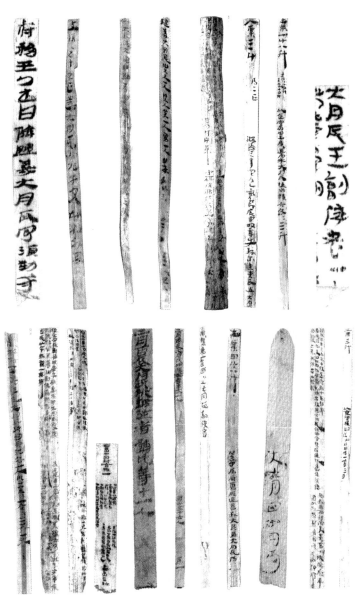

图18　月氏简

二月丙辰大月氏呼孙从者半大一人，与此五十六人。第一。

二月丙辰大月氏伏钺从者鋪比等十一人。

这两段文字是小方盘城即玉门关新出简的内容，亦记载有大月氏，主要是出入关之记录。第二简比较清晰，是大月氏伏钺等十一人的入关记录。伏钺诸人是干什么的，我们不得而知，但是一个十一人的大月氏团队入关了，出使还是经商？他们去了哪里？给我们留下无限的联想。

以上诸简所见，大月氏与汉朝交往的年代有，神爵二年（前60）、甘露二年（前52）、初元二年（前47）、永光元年（前43）、建昭二年（前37）和鸿嘉三年（前18），从纪年简所反映的时代来看，主要集中在汉宣帝、汉元帝、汉成帝时期，从纪年简所反映的大月氏人来汉朝的频率来看，从公元前60年到公元前18年，四十三年间共有六次大月氏人来汉朝的记录，平均每七年就有一次。通过这些月氏简，我们不难看出，大月氏持续保持着与汉朝的密切联系。在我们今天看来，两地相隔的距离也是很遥远的，而在当时极为艰苦、困难的交通条件下，两者间能有如此高频率的交往，不得不说两地的联系甚为紧密。

《汉书》卷九十六上《西域传上》载：

　　大月氏国，治监氏城，去长安万一千六百里。不属都护。户十万，口四十万，胜兵十万人。东至都护治所四千七百四十里，西至安息四十九日行，南与罽宾接。土地风气，物类所有，民俗钱货，与安息同。出一封橐驼。

《汉书》卷九十六下《西域传下》载：

　　最凡国五十。自译长、城长、君、监、吏、大禄、百长、千长、都尉、且渠、当户、将、相至侯、王，皆佩汉印绶，凡三百七十六人。而康居、大月氏、安息、罽宾、乌弋之属，皆以绝远不在数中，其来贡献则相与报，不督录总领也。

　　通过《汉书》记载可知，大月氏是不属都护的，即"皆以绝远不在数中，其来贡献则相与报，不督录总领也"，说明汉朝之势力范围没有达到这些地方，康居、大月氏、安息、罽宾、乌弋之属并不在汉朝西域都护府的管辖范围之下。即大月氏不是西汉的属国，西汉没有权力直接管辖他们。即便如此，通过这些简牍记录，我们仍可窥见，大月氏与西汉的交往是比较频繁的，这应是当时的真实情况。

　　总之，自张骞出使西域以后，及至西汉末年，大月氏与汉王朝始终有着持续、密切的交往。汉宣帝以后，汉通西域之路更加顺畅，双方交往愈渐频繁，来到汉地的大月氏人，既有代表官方的使节，也有民间的行旅者或商人。对于大月氏人的行程与安全，汉廷都有充分的关照，不仅提供车马食宿，还不时有官员护送或回访。我们可以依此推知，这一时期，大月氏与汉王朝的连续交往，是一种相互往来的互动，并且涉及社会各个阶层，是士绅和商人都有参与的深入、友好且持续的交流活动。

到 哪 里 去

在阿姆河流域生活的大月氏人，若干年之后去了哪里？这一直是国内外学术界关注的问题，大家都想对大月氏这个神秘的部落、民族或国家有一个完整的认知。然而这却很难，因为文献的记载如此稀少，出土的考古资料又是如此零乱，以致很多时候分不清月氏与塞人、乌孙的区别，何况还有匈奴、康居、大宛、贵霜。他们的历史或许早已经杂糅到这片两河交织的神秘地区。

目前学术界有一种观点，认为大月氏人后来又建立了贵霜帝国，即贵霜帝国是以大月氏人为主建立的。持此论者，是因为中国的史书中，对贵霜帝国的称呼仍然是大月氏，如果二者之间没有关系，为何中国的史书还将贵霜帝国称为大月氏？诚如前文所说，二者之间的联系是较为密切的，悬泉汉简中记载有大月氏的休密翕侯与双靡翕侯，只可惜还没有发现载有贵霜翕侯的简牍。东汉时期，使者是到过贵霜的，甚至于班超与贵霜副王谢还进行过交锋。难道使者、官员没有发现大月氏与贵霜之间的异同，没有发现他们之间的王朝更替？或许因为他们之间就没有什么不同吧。当然，西汉时期的大月氏是月氏的王族在掌权，而到了东汉时期，则是贵霜翕侯夺取了大权。这里有一个关键问题，就是贵霜翕侯或许是与大月氏同种、同族的，贵霜翕侯是大月氏的同姓诸侯王，如同西汉与东汉一样。后来的发展中，同姓诸侯王取得了王位，但是，他们没有更改国号，或者说，他们在与中原王朝的交往中使用了原来的国号。

日本学者小谷仲男教授就认为大月氏与贵霜之间关系密切，他认为，大夏人是农耕民族，而翕侯应该是草原民族设置的官职，冒顿单于给匈奴确立的官职里面就有翕侯，因此，依据翕侯这个官职，可以说贵霜是草原游牧民或其后代。小谷仲男还指出，要建立如此强大的贵霜帝国，没有会骑马的游牧民充当先锋是难以实现的，故贵霜帝国应该是会骑马的游牧民建立的，而不会是农耕民族大夏建立的。小谷仲男说，塞人是不存在的假说，而贵霜翕侯应该就是随大月氏迁徙而来的别部，或者是在大月氏之前迁入希腊人大夏国的所谓塞人游牧民，并且此塞人与大月氏之间有亲戚关系。

也有很多学者认为大月氏与贵霜是没有关系的，大月氏是大月氏，贵霜帝国是贵霜帝国。他们认为，贵霜翕侯是

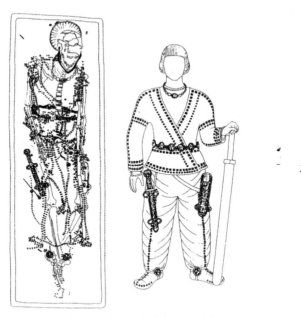

图19 提利亚特佩四号墓复原男性像

源自入侵巴克特里亚的塞种四部之一。塞人渡锡尔河南下，其中一支进入巴克特里亚，消灭了那里的希腊人大夏国，建立了新国家塞人大夏国。后来，乌孙人在匈奴人的支援下，远征大月氏，战而胜之，夺取了伊犁河、楚河流域。大月氏人迁往阿姆河流域，征服了新建立的塞人大夏国，大月氏人直接统治巴克特里亚及其周围地区，而通过所置五翕侯控制东部山区。五翕侯均系原塞人大夏国人，是大月氏人扶植的傀儡，后来推翻大月氏的贵霜翕侯即其中之一。这种观点认为，贵霜翕侯是塞人，是与大月氏不同的种族。贵霜王朝的创始人丘就却，曾是塞人大夏国的贵霜翕侯，他与西印度的

图20　提利亚特佩六号墓复原女性像

希腊王阴末赴结盟或联姻，攻陷了其余四翕侯，四翕侯既陷，丘就却自立为王，国号"贵霜"。大约公元50年之后，丘就却又从塞斯坦手中夺取了今喀布尔河上中游地区，不久，丘就却推翻了其昔日宗主，盘踞巴克特里亚及其周围地区，一统吐火罗斯坦，建立贵霜帝国。

对于上述观点，我们其实也很难做出裁决，在文献资料与考古资料都很稀少的情况下，我们是没有办法还原历史的。在本书中，笔者采取的观点是将大月氏与贵霜分开考察。贵霜帝国是贵霜帝国，我们主要考察的大月氏，是那个称霸中国西北，后来又迁徙到阿姆河流域的大月氏，它的时间下限在两汉之交，以西汉及以前的大月氏的发展状况为主，而对于东汉时代的大月氏或贵霜帝国不做深入考察，如果以后有新的考古资料出现，再另当别论。

这里有一个补充，即大月氏的户口与胜兵，《汉书》是有记载的，一个四十万人口的大国，一个有着十万军队的大国，想让他们瞬间消失掉，几乎没有可能。这四十万大月氏人去哪里了？他们必然会继续繁衍生息，就算王朝更替，就算出现动乱乃至战争，这些人尤其是普通百姓，肯定还存在于这片土地上。贵霜曾经是与汉、安息、大秦并立的世界四大帝国，它毋庸置疑地存在，它与月氏人之间若隐若现的关系，让我们坚信四十万大月氏人中的大部分又变成了贵霜人，并且他们已经渐渐从游牧民变成了农耕民。

贵霜帝国之后是嚈哒帝国。嚈哒被称为白匈奴，可见其特点，但是，关于嚈哒的族属也是争论极多，说其是匈奴人、车师人、大月氏人、康居人、柔然人、高车人、伊朗人、鲜卑人的都有。嚈哒统治时期，这些当年的月氏人又去了哪里？嚈哒帝国后来被突厥与波斯合谋灭亡，突厥与波斯中分了嚈哒的领土，阿姆河以南归波斯，以北属于突厥，但是，突厥人很快就越过阿姆河，占据了大片嚈哒故土。突厥人对这个地区的统治策略是，保留诸国国王，只收取赋税，也就是说，只要称臣纳贡就可以了。由此我们可以猜想，突厥之前的嚈哒、贵霜对这一地区的统治方针或许也是如此，因为原来大夏国就是小长林立，后来的大月氏也是有五个翕侯管辖东部地区，且五个翕侯有自己的外交权等权利。在这种统治模式下，当年的月氏人肯定存续了下来，甚至还有部分的自主权利，甚至还较好地保持了自己的传统。

在中国的西晋时代，八王之乱前后，在凉州的粟特商人领队给远在撒马尔罕的雇主写信，讲述他们的遭遇，但是很不幸，他的信件没有送到撒马尔罕，而是中途丢失了。一千多年之后，这些信件在敦煌附近的长城烽燧中被来这里考察探险的英国人斯坦因发现，由此可见在3世纪末至4世纪初，还是贵霜人统治的时期，河中地区的主人已经成了粟特人。而粟特人与前面我们所说的大月氏人又是什么关系呢？

《隋书·西域传》载："康国者，康居之后也。迁徙无常，不恒故地，然自汉以来相承不绝。其王本姓温，月氏人也。旧居祁连山北昭武城，因被匈奴所破，西逾葱岭，遂有其国。支庶各分王，故康国左右诸国并以昭武为姓，示不忘本也。""昭武"在《魏书》《北史》《旧唐书》《新唐书》中均有记载。有人认为昭武九姓是月氏人西过大宛，又西至粟特地区而留下的后裔，有人认为月氏是种族，粟特是国名，都是昭武九姓月氏种。

粟特是一个商业民族，是丝绸之路上最活跃的贸易担当者，历代史书对其多有记载。《汉书·西域传上》载："自

宛以西至安息国，虽颇异言，然大同，自相晓知也。其人皆
深目，多须髯。善贾市，争分铢。"《魏书·西域传》载：
"其国商人先多诣凉土贩货，及克姑臧，悉见虏。高宗初，
粟特王遣使请赎之，诏听焉。"《隋书·西域传》载："人
皆深目高鼻，多须髯。善于商贾，诸夷交易多凑其国。"
《旧唐书·西戎传》载："善商贾，争分铢之利。男子年
二十，即远之旁国，来适中夏，利之所在，无所不到。"
《新唐书·西域传》载："善商贾，好利，丈夫年二十，去
傍国，利所在无不至。"这些后来行走在丝绸之路上的粟特
人，难道是月氏人的后代？我们其实很难得出一个结论来。
即便隐隐约约感觉到他们之间有些联系，但是，只能这样想
想。因为经过几百年之后，随着地区交融的加剧，原来月氏

图21　鎏金胡瓶上的粟特人　　　图22　鎏金铜胡腾舞俑

图23 白陶胡佣

人继续繁衍生息着，早已融入西域乃至中亚的民族大潮中，并变化出不同的面貌。

1982年，甘肃省平凉市崇信县黄寨乡何湾村出土了一件"月氏"铭货泉铜母范，现收藏于崇信县博物馆。"月氏"铭货泉铜母范，范平面略呈方形，周有边框。范高七毫米，周长二百四十五毫米，范面边框宽三毫米，范面中间有一凸起圆形平顶，圆形高约四毫米，直径约五毫米，范面分为两部分，共列钱四枚，左为钱面，右为钱背，钱面阳文篆书"货泉"二字。在铜母范背面铸有铭文"月氏"二字，这是新莽时期翻模铸钱用的母范。

1989年，崇信县博物馆征集到部分货泉陶子范残片，经过调查和清理，在崇信县铜城乡马沟村发现残窑遗址一处。

从残存的痕迹看，该遗址共有三座陶窑，均已残空。遗留的陶子范残片经过整理，有"货布""货泉"两种，一件"货泉"陶子范较完整。将"货泉"陶子范与"月氏"铭货泉铜母范经过比对，发现它们是相同的模式与风格，可见此"月氏"铭货泉铜母范就是在崇信县本地制造的。但是，为何此"月氏"铭货泉铜母范的背面会出现"月氏"二字？这是让人很疑惑的。崇信县位于甘肃陇东地区，此地出土的货泉铜母范为何要在背面铭刻上"月氏"二字呢？

《汉书》卷二十八下《地理志下》载：

图24 "月氏"货泉铜母范正面

图25 "月氏"货泉铜母范背面

图26 货泉陶子范

> 安定郡，武帝元鼎三年置。户四万二千七百二十
> 五，口十四万三千二百九十四。县二十一……月氏
> 道。莽曰月顺。

《汉书》卷十九上《百官公卿表上》载：

> 县令、长，皆秦官，掌治其县。万户以上为
> 令，秩千石至六百石。减万户为长，秩五百石至
> 三百石。皆有丞、尉，秩四百石至二百石，是为
> 长吏。……县大率方百里，其民稠则减，稀则旷，
> 乡、亭亦如之。皆秦制也。列侯所食县曰国，皇太
> 后、皇后、公主所食曰邑，有蛮夷曰道。凡县、
> 道、国、邑千五百八十七，乡六千六百二十二，亭
> 二万九千六百三十五。

1974年，内蒙古额济纳旗东南的居延破城子出土的《居
延里程简》载：

> 长安至茂陵七十里，
>
> 茂陵至茯置三十五里，
>
> 茯置至好止七十五里，
>
> 好止至义置七十五里。

月氏至乌氏五十里，

乌氏至泾阳五十里，

泾阳至平林置六十里，

平林置至高平八十里。

媪围至居延置九十里，

居延置至觻里九十里，

觻里至媭次九十里，

媭次至小张掖六十里。

删丹至日勒八十七里，

日勒至钧耆置五十里，

钧耆置至屋兰五十里，

屋兰至垔池五十里。

　　根据以上文献的记载，我们可以看出，《汉书·地理志》所言"月氏道"并不是道路，而是"月氏县"的意思，它在安定郡之下，是一个县级单位，后来王莽时期被改名为"月顺"。此地区毋庸置疑是少数民族聚居区，究竟是大月氏的聚集区还是小月氏的聚集区，我们不好做判断，但是这个县级单位是有数量不少的月氏人聚居的。月氏道的治所在今平凉市崆峒区东南白水镇一带，平凉市崆峒区白水镇与花所镇交会的瘪家沟。

　　汉东方朔撰《海内十洲记》载：

征和三年，武帝幸安定。西胡月支国王遣使献香四两，大如雀卵，黑如桑椹。帝以香非中国所有，以付外库。又献猛兽一头，形如五六十日犬子，大似狸而色黄，命国使将入呈。帝见之，使者抱之，似犬，羸细秃悴，尤怪其之非也。问使者："此小物可弄，何谓猛兽？"使者对曰："……搜奇蕴而贡神香，步天林而请猛兽，乘毳车而济弱渊，策骥足以度飞沙。契阔途遥，辛苦蹊路，于今已十三年矣。神香起夭残之死疾，猛兽却百邪之魅鬼。夫此二物，实济众生之至要，助政化之升平。"……帝忌之，因以此兽付上林苑，令虎食之。于是虎闻兽来，乃相聚，屈积如死虎伏。兽入苑，径上虎头，溺虎口。去十步已来顾视虎，虎辄闭目。……到后元元年，长安城内病者数百，亡者太半。帝试取月支神香烧之于城内。其死未三月者皆活，芳气经三月不歇，于是信知其神物也。乃更秘录余香。后一旦又失之，检函封印如故，无复香也。……明年，帝崩于五柞宫。

东方朔给大家讲了一个故事，即月氏使者出使汉朝献宝物的故事。后世学者多认为《海内十洲记》是小说之言，不足为凭，但是通过这则小说，我们还是可以了解不少的信

息。月氏使者向汉武帝进献返魂香和伏虎兽两种宝物，这
里有珍宝异物的月氏人，肯定是地处阿姆河的大月氏人，而
不是小月氏人。大月氏人是在哪里给汉武帝献宝物的呢？在
我们上文说过的安定郡。此时，汉武帝正好巡幸安定。按照
《汉书·武帝纪》所载，汉武帝一生中曾四次巡幸安定：
太初元年（前104）秋八月，行幸安定；太始四年（前93）
十二月，行幸雍，祠五峙，西至安定、北地；征和三年（前
90）春正月，行幸雍，至安定、北地；后元元年（前88）春
正月，行幸甘泉，郊泰峙，遂幸安定。征和三年，大月氏使
者献上宝物，但是这两种宝物并未引起汉武帝的重视，甚至
一度还令他非常不快。只是由于后来长安发生瘟疫，全靠焚
烧"神香"才得以遏制，这才引起汉武帝的注意，但这时神
香与猛兽已全无踪迹，汉武帝这才后悔当初没有厚待大月氏
使者。这个故事写得很具传奇色彩，尤其是对返魂香与伏虎
兽这两种神秘之物的渲染，使得故事情节更加离奇，以致在
后代文学作品中屡屡出现两种宝物的身影。

我们要关注的是，大月氏人为什么在安定而没有去长
安献宝物？这是个谜。我们猜测其主要原因，与上文我们所
说的月氏道有关。这个月氏道聚集了不少月氏人，其中一部
分必然是大月氏人，他们在征和三年汉武帝巡幸安定时，趁
机献上宝物，可能他们本就没有献宝物的打算，只是因为皇
帝巡幸到此，他们才临时决定献上宝物，希冀得到皇帝的重

视，但是很可惜，他们没有得到皇帝的认可。至于月氏人献宝物的地点，虽然历史典籍中说是安定，我们判断应该就在月氏道，月氏道本来就是安定的一部分。大月氏人应在月氏道有一个据点，其中有多少大月氏人和小月氏人，我们不得而知。他们是怎么来到这个地方的呢？肯定是沿着丝绸之路而来的。他们是干什么的呢？是经商之人还是出使之人？不知道。但是他们肯定是长期以来源源不断地通过长途跋涉，从中亚来到这里，并逐渐定居于此月氏道的。

《三国志》卷九《魏书·诸夏侯曹传》记载了诸葛亮北伐欲击关中而围祁山时，南安、天水、安定三郡的百姓参与其中的事情，之后发生了"安定民杨条等略吏民保月支城"的事件。由南安、天水、安定三郡的地理位置可以推断，《三国志》所言"月支城"即是《汉书》中的"月氏道"。莫非三国时期月氏人依旧活动于"月氏道"附近？不管如何，也遑论城内还有多少月氏人，至少月氏城还在。

被人遗忘的小月氏

本居敦煌、祁连间的月氏，由于受到匈奴的打击，大部分或者说主体西迁了，但是绝对不是全部。在月氏第一次迁徙的时候，敦煌、祁连间就有小众不能去者，保南山，号小月氏。在月氏第二次迁徙的时候，更有一部分没有名号的部众，留在了巴里坤草原，再就是伊犁河、楚河流域，以至于班固的《汉书》中都说"乌孙民有塞种、大月氏种"。这些留居原地不曾迁移的月氏人，经常被人遗忘，但是他们是历代民族迁徙过程中的不迁徙者的代表，他们其实是非常重要的，为什么？因为他们是月氏文化的保有者。他们的不迁徙，使得他们所保有的月氏文化与新的部落、民族或国家的文化逐渐融合，他们的存在，实现了月氏文化与其他文化如匈奴文化、乌孙文化、汉文化等的融合。如果没有他们，两个文化之间是没有纽带的。更多的时候，这些不迁徙者，是忍受着屈辱的，他们必然要背弃前主服从新王，必然要奴颜

婢膝地去迎合新政权。但是他们之所以不远离故土，而是
厮守着故乡，多半是热恋这片土地，所以不管将要面对多
少苦难，他们还是选择坚守下来，并逐渐融入新的部落、
民族或国家之中。

《汉书》卷五十五《霍去病传》载：

> 票（骠）骑将军涉钧者，济居延，遂臻小月
> 氏，攻祁连山，扬武乎觻得，得单于单桓、酋涂
> 王，及相国、都尉以众降下者二千五百人，可谓
> 能舍服知成而止矣。捷首虏三万二百，获五王，
> 王母、单于阏氏、王子五十九人，相国、将军、
> 当户、都尉六十三人，师大率减什三，益封去病
> 五千四百户。赐校尉从至小月氏者爵左庶长。

《汉书》记载了西汉元狩二年（前121）霍去病第二次
出兵河西时的情况，霍去病带领的军队与小月氏发生了军
事冲突。这支小月氏应是月氏西迁时期留在敦煌、祁连间的
余众，具体聚居地在居延附近。但是此居延具体指的是居延
县、居延泽、居延置还是居延水，多有不同的解释。今天的
学者多认为居延在今内蒙古自治区额济纳旗附近，因为这里
有居延海；也有学者认为，汉代的居延置在今甘肃省白银市
景泰县附近。对于霍去病所济居延，到底是什么地方，我们

暂且不论。我们想说明的是，在汉代的河西走廊的东缘，有一支小月氏部落在活动，且他们的整体实力不弱。

《汉书》卷六十九《赵充国传》载：

> 后月余，羌侯狼何果遣使至匈奴藉兵，欲击鄯善、敦煌以绝汉道。充国以为："狼何，小月氏种，在阳关西南，势不能独造此计，疑匈奴使已至羌中，先零、罕、开乃解仇作约。到秋马肥，变必起矣。宜遣使者行边兵豫为备，敕视诸羌，毋令解仇，以发觉其谋。"
>
> ············
>
> 今诏破羌将军武贤将兵六千一百人，敦煌太守快将二千人，长水校尉富昌、酒泉侯奉世将婼、月氏兵四千人，亡虑万二千人。赍三十日食，以七月二十二日击罕羌，入鲜水北句廉上，去酒泉八百里，去将军可千二百里。将军其引兵便道西并进，虽不相及，使虏闻东方北方兵并来，分散其心意，离其党与，虽不能殄灭，当有瓦解者。已诏中郎将印将胡越伙飞射士、步兵二校，益将军兵。

《赵充国传》两次记载了小月氏，但不是一个地区的小月氏。第一次记载的是阳关西南的小月氏，此部小月氏已经与羌人融合在了一起，其首领狼何被封为羌侯，此部小月氏计划秋后马肥之时，联合匈奴攻击鄯善、敦煌，阻断丝绸之路，幸好赵充国及时发现了他们的阴谋。通过这个记载，我们知道在敦煌阳关附近有已经融入羌人的小月氏部落，且其首领姓狼，但是月氏人多半是以"支"为姓，可见此部落羌化严重，甚至可以说他们已经成了羌人。第二次提及小月氏，是神爵元年（前60）小月氏部落帮助汉朝平定羌人叛乱的事情。从"婼、月氏兵四千人"可见此时此刻小月氏部落的状况，这支小月氏部落的聚居地是在酒泉附近。

《后汉书》卷八十七《西羌传》载：

湟中月氏胡，其先大月氏之别也，旧在张掖、酒泉地。月氏王为匈奴冒顿所杀，余种分散，西逾葱领。其赢弱者南入山阻，依诸羌居止，遂与共婚姻。及骠骑将军霍去病破匈奴，取西河地，开湟中，于是月氏来降，与汉人错居。虽依附县官，而首施两端。其从汉兵战斗，随势强弱。被服饮食言语略与羌同，亦以父名母姓为种。其大种有七，胜兵合九千余人，分在湟中及令居。又数百户在张掖，号曰义从胡。中平元年，与北宫伯玉等反，杀护羌校尉泠徵、金城太守陈懿，遂寇乱陇右焉。

《西羌传》对月氏的记载更为集中，它首先回顾了月氏的发展历史，其次记载了位于湟中的小月氏部落。这支部落是霍去病破匈奴之后迁徙而来的，与汉人杂错居住，但是他们的饮食语言略与羌同，其大部落有七支，胜兵有九千多人，按照一家四五口人的规模来计算，这支小月氏差不多有四五万人，人数不算少，实力不算弱。另外还有部分小月氏人在张掖附近居住，亦有数百户，被称为"义从胡"，而此"义从胡"与邓训关系密切。

《后汉书》卷十六《邓寇传》之《邓训》篇载：

> 先是小月氏胡分居塞内，胜兵者二三千骑，皆勇健富强，每与羌战，常以少制多。虽首施两端，汉亦时收其用。时迷吾子迷唐，别与武威种羌合兵万骑，来至塞下，未敢攻训，先欲胁月氏胡。训拥卫稽故，令不得战。议者咸以羌胡相攻，县官之利，以夷伐夷，不宜禁护。训曰："不然。今张纡失信，众羌大动，经常屯兵，不下二万，转运之费，空竭府帑，凉州吏人，命县丝发。原诸胡所以难得意者，皆恩信不厚耳。今因其迫急，以德怀之，庶能有用。"遂令开城及所居园门，悉驱群胡妻子内之，严兵守卫。羌掠无所得，又不敢逼诸胡，因即解去。由是湟中诸胡皆言"汉家常欲斗我

曹，今邓使君待我以恩信，开门内我妻子，乃得父
母"。咸欢喜叩头曰："唯使君所命。"训遂抚养
其中少年勇者数百人，以为义从。

此篇将张掖地区的小月氏部落被称为"义从胡"的缘
由做了清楚的说明。张掖附近的小月氏胡有胜兵二三千，人
口可达万余，这些小月氏胡人，皆勇健富强，每每与羌人作
战，常常可以以少胜多，可见其战斗力之强。但是，他们与
汉朝的关系也是时好时坏，后来，这些小月氏部落受到羌人
的联合攻击，无处躲藏，邓训开城门将他们的妇孺老幼保护
起来。羌人本来计划聚集起来联合打击小月氏，由于邓训的
保护，使得羌人打击小月氏的计划没有得逞。小月氏躲过一
难，感激邓训的恩信，表示愿意受邓训所代表的汉朝驱使。
邓训从其中选了数百人，主要是年轻勇敢者，加以训练，称
之为"义从"，"义从胡"亦由此得名。

《后汉书·窦融传》记载："八年夏，车驾西征隗嚣，
融率五郡太守及羌虏小月氏等步骑数万，辎重五千余辆，与
大军会高平第一。"《窦融传》记载了窦融统治管辖区的小
月氏人。窦融是两汉之交的名臣，后被推为行河西五郡大将
军事，据境自保，刘秀称帝后，窦融归汉。光武帝建武八年
（32），光武帝率军征讨隗嚣，窦融率数万军队帮助攻打隗
嚣，而窦融所率军队里就有小月氏兵，具体数量无法考证，

但是此时河西附近无疑是有小月氏部落活动的。这些小月氏人或被动或主动地融入窦融的军队中，并且在平定叛乱中发挥着重要作用。总之，《窦融传》记载的是东汉初年光武帝时期小月氏的状况，而《邓寇传》所记载的是东汉章帝时期小月氏的状况。由此可见东汉初期小月氏在河西与湟中的发展情况，这些记载与前文所引《西羌传》的内容互为补充，整体展现了东汉初期的小月氏分布及人口情况。

到了东汉后期，部分小月氏人曾起兵叛乱。《后汉书·董卓传》载："中平元年……北地先零羌及枹罕河关群盗反叛，遂共立湟中义从胡北宫伯玉、李文侯为将军，杀护羌校尉冷徵。伯玉等乃劫致金城人边章、韩遂，使专任军政，共杀金城太守陈懿，攻烧州郡。"北宫伯玉是一个义从胡，他带领群盗反叛，声势浩大，他们甚至杀了护羌校尉、金城太守等。后来割据西凉的韩遂、马腾，帐下亦有较多的西羌兵，而其中必然也有月氏兵，而此时期，月氏人或许不再称自己为月氏人了，而是义从胡。

董卓是东汉末年军阀和权臣，《三国演义》中有其晚年的形象，但是此董卓早年亦是英雄豪迈，杀掉自己家的耕牛让诸羌酋帅享用，诸酋帅感激董卓的真情厚谊，带来百千头牛羊致谢。河湟羌胡起义中，董卓为破虏将军，在天水一带镇压羌胡，数年中迅速发展起来，其帐下聚集、收留、招降了大批"湟中义从及秦胡兵"。后来，东汉朝廷多次想要解除董卓的兵权，调其回内地任职，董卓皆托言诸胡不从，不肯赴任。总之，董卓借助小月氏等西羌兵，迅速发展起来，成为东汉末年战斗力最强的军阀，而后来董卓杀进洛阳，执掌天下之时，这些湟中义从胡等也就随着董卓一并进入关中乃至中原。董卓败亡后，这些小月氏胡人部落并未离散，而是以部落为单位散居于中原诸地。

三国诸葛亮北伐之时，凉州诸地还有成部落的小月氏胡人，他们甚至出兵帮助诸葛亮进攻曹魏。《三国志》卷三十三《蜀书·后主传》："五年春，丞相亮出屯汉中，营沔北阳平石马。"南朝宋裴松之注《三国志》引《诸葛亮集》云："凉州诸国王各遣月支、康居胡侯支富、康植等二十余人诣受节度，大军北出，便欲率将兵马，奋戈先驱。"可见，河西之地的小月氏胡人虽有一部分随着董卓进入了中原，但仍有部分人马留在原地。

其实，曾经强大的月氏人的活动范围不仅仅局限在敦煌、祁连间，在中国西北的广阔天地里，都有月氏的身影，也正因为月氏的分布极广，所以当月氏的主体西迁之时，有大量的月氏人由于各种原因留存下来。通过对小月氏部落的考察，我们目前可以知道有几个地区是有成部落的月氏人生活着的。第一就是伊犁河、楚河流域，当月氏第三次西迁之时，有一部民众没有迁徙，以至于乌孙的民众里面有"月氏种"。第二个地区是巴里坤草原、吐鲁番盆地，这个地方亦是月氏的一个重要聚居区，后来这里的小月氏部落被汉武帝迁徙至酒泉一带。第三个地区，据《汉书·霍去病传》可知居延附近亦有小月氏部落。第四个地区，据《汉书·赵充国传》可知，阳关附近亦有小月氏种。第五个地区，即《后汉书·西羌传》提供的信息，湟中地区有小月氏部落，且人口数量众多，是后来最重要的小月氏聚居地。第六个地区，张掖地区有小月氏万余人，被称为义从胡。第七个地区，前文所说安定郡附近的月氏道，直至三国时期此地还有月支城。总之，我们可以发现整个丝绸之路沿线，几乎都有月氏人在活动。这些成部落的小月氏人，不断地变化模样，与羌人渐渐同化，但是他们与羌人还有诸多不同。东汉末年，小月氏人成为各种势力招降、拉拢、利用的对象，甚至董卓、韩遂等割据军阀就是依靠他们起家与争霸的。

当然，后来的小月氏部落逐渐融入相近的部落、民族或政权中去了，他们渐渐失去了自己部落的独立性，成了羌人、汉人，甚至是其他的人。毋庸置疑，他们在整个丝绸之路上的流动，带来了整个地区的交往交流与交融，使丝绸之路沿线彼此熟悉起来。前文说过，西域之外的大月氏诸国，虽然语言不同，但是他们自己是可以相互知晓的。如果大月氏人变成了贵霜人，贵霜人变成了嚈哒人，河湟地区的小月氏人变成了羌人，后来又变成了吐谷浑人的话，那么吐谷浑人或许可以知晓一些嚈哒人的语言，因为大月氏与小月氏之间是同源同种的。当然，这只是一个猜测，不足为据，但是可以作为故事说一说，还是饶有趣味的。最后，我们要阐释的是，如此多的小月氏人部落散居在丝绸之路沿线，至少是让丝绸之路变得更加通畅了。

流寓中原的月氏人

上文我们主要考察了丝绸之路沿线的小月氏部落，这是成部落存在的月氏人的生活情况。随着时间的推移，出于各种原因，越来越多的月氏人，脱离原来的部落，进入中原大地，开始他们的新生活，并且，这些月氏人个体有幸被史书及出土文献记载下来，成为我们今天考察进入中原的月氏人生活状况的样本。

当然，对一些个体，我们可以通过他们的事迹，猜测他们是大月氏人还是小月氏人，但对多数流寓中原的月氏人而言，我们已无法具体弄清楚他们究竟是大月氏人还是小月氏人了，甚至后来贵霜帝国时期的部分月氏人也进入了中原，就更难分清他们的具体来源。但是，这些月氏人有一个共同的特点，即多以"支"作为自己的姓氏，以示不忘本之意，这便或多或少地为我们考察流寓中原的月氏人提供了些许依据。

《后汉书·梁统传》记载了一个名为支通期的月氏女子，《后汉书》原为"友通期"，唐李贤注《后汉书》引《东观记》曰："友"作"支"。此女子是大将军梁商献给汉顺帝的美人，后来，支通期犯了错，汉顺帝把她退还给了梁商，梁商不敢将支通期留在身边，于是把她嫁了出去。梁商的儿子，后来被汉质帝称为"跋扈将军"的梁冀，喜欢这个貌美的支通期，暗中派人把嫁出去的支通期偷了回来，藏在别宅。梁冀的老婆孙寿知道后，趁梁冀不在之时，带着一群人把支通期抓了回来，截发刮面，暴打一通，并打算给皇帝上书揭发梁冀的丑事。梁冀很害怕，磕头求孙寿的母亲帮忙，在岳母的帮助下，梁冀才躲过一劫，但还是与支通期藕断丝连，后来他俩还生了一个儿子，取名伯玉。梁冀总是将伯玉藏起来，不敢让人见到。孙寿后来又知道了这个事情，派她的儿子梁胤将支通期杀害了。梁冀害怕孙寿再杀害他与支通期的儿子，常常把伯玉藏在夹墙中。这个名为支通期的女子，必然是一个美人，不然梁冀也不会如此的难以忘怀，并且，梁商早年把她献给汉顺帝必然也是因为她的美貌。而这个支通期的命运却不好，始终被人玩弄于股掌之上，最后竟遭杀害。她是我们目前从文献中所见的比较早进入中原的月氏人。

《后汉书·董卓传》则记载了一个名为支胡赤儿的月氏男子，这个支胡赤儿是董卓女婿牛辅的家奴。牛辅很受董卓信任，权势很大，董卓被杀之后，横行关中的李傕、郭汜就是牛辅的手下。吕布等奉命讨伐牛辅，牛辅的军营中不知何故，大乱起来，牛辅很害怕，以为出了大事，三十六计走为上，牛辅带着金银财宝打算逃跑。牛辅的手下有一些胡人亲侍，其中一个就是这个名叫支胡赤儿的。但是牛辅向来对支胡赤儿比较严厉，到此时，牛辅将金银财宝给了支胡赤儿一些，让他帮助自己逃跑。牛辅随身带着金饼、珠宝等出逃，支胡赤儿对牛辅说，城北有给他准备好的马，他可以从那里逃走。支胡赤儿用绳子绑住牛辅的腰，从城墙上往下送，在离地面还有很高距离的时候，支胡赤儿就丢开绳子，把牛辅扔了下去。牛辅的腰被摔伤了，不能行走。支胡赤儿与他的同伴就把牛辅的金饼、珠宝抢走了，并且把牛辅的头砍下来送到长安。支胡赤儿应该是小月氏人的后代，并且支胡赤儿不是一个人，而是一群人，或许是他们一起设计杀害的牛辅，因为他们想得到牛辅的金银财宝。

《晋书·石勒载记上》记载了西晋末年的两个月氏武将，一个叫支雄，一个叫支屈六。石勒早年起兵时，有十八人是最早跟随他的，号称"十八骑"，这十八人是王阳、夔安、支雄、冀保、吴豫、刘膺、桃豹、逯明、郭敖、刘征、刘宝、张暨仆、呼延莫、郭黑略、张越、孔豚、赵鹿、支屈六。支雄、支屈六应是月氏人无疑，并且，这个支雄后来是石勒手下的猛将，为石勒、石虎打天下出了大力，最后支雄官拜龙骧大将军。此外，有人名叫支重，亦为石勒大将，东晋永和五年（349），曾被东晋名臣褚裒部将王龛北伐时抓获。

魏晋南北朝时期，史书明文记载的支姓胡人还有很多，如：凉州卢水胡治元多，黄初元年（220）起兵反，河西大扰；凉州胡治无戴，建兴五年（227）率众投降蜀汉，姜维安抚之，使居繁县；支胡五斗叟，晋怀帝永嘉三年（309）聚众数千人，屯新丰为乱；北地人支酉，北魏太和十七年（493）聚集数千人，在长安城北西山起义。

两汉以来，来中原弘法的支姓高僧也很多，他们有的是大月氏人，当然也有小月氏人，最具代表性的高僧有支谶、支亮、支谦师徒三人，世称"天下博知，不出三支"，他们不仅来中原传播佛教的时间较早，而且贡献突出。支谶操行淳深，性度开敏，秉持法戒，以精勤著称，讽诵群经，志存宣法，他于汉灵帝时游于洛阳，光和、中平年间，传译梵文，译出《般若道行品经》《般舟三昧经》《首楞严经》《阿阇世王经》等十余部佛经。东晋名僧支敏度在《合首楞严经记》中，称赞支谶"凡所出经，类多深玄，贵尚实中，不存文饰"。且后来译经者多师承于此人，他是中国佛教史上第一位把大乘般若学和大乘禅法传入汉地的僧人。支亮字纪明，是支谶的弟子，又是支谦的业师，他传法译经约在东汉、三国之际，所译经典不详。支谦，大月支人，祖父法度，汉灵帝时期率国人数百归化，拜率善中郎将。支谦不仅博览经籍，而且世间伎艺多所综习，遍学异书，通六国语，其人细长黑瘦，眼多白而睛黄。时人曰："支郎眼中黄，形躯虽细是智囊。"东汉灭亡后，中原人士纷纷避难南迁，支谦亦随之避难东吴，受到孙权的重用，拜为博士，使辅导太子，与韦曜诸人共尽匡益。后来，支谦感觉佛教虽然已经传入中土，但是佛经多是梵文，没有得到翻译，不利于教化众生，于是决心翻译众经，从吴黄武元年（222）至建兴（252—253）中，共译出《维摩诘经》《大般泥洹经》《大明度无极经》《大阿弥陀经》等三十六部佛经。

隋唐时期，亦有月氏人在中原大地上驰骋，其中最具名声与影响的是王世充，他盘踞中原，在洛阳建立过大郑政权。通过王世充的名与字，我们很难发现他的月氏人出身，但是我们看其父祖的名姓就可以知道他的出身。《新唐书·王世充传》载：王世充的爷爷是支颓耨，支颓耨死后，其妻与霸城（今西安市灞桥区）人王粲为庶妻，而王世充的父亲支收当时还很小，便随母亲一起到了王粲家。王粲很喜欢他，给他改名为王收，后来王收在隋为官，官至怀州、汴州长史。如此可知，王世充应该名叫支世充。王世充的相貌体型，极具胡人特征，卷发豺声。此外，王世充还是一个诡诈之人，好兵法，晓龟策推步盈虚，但是从不向外人显露。隋文帝开皇年间，王世充为左翊卫，后以军功拜仪同，授兵部员外；隋炀帝时，王世充累迁至江都郡丞，当时隋炀帝数幸江都，王世充很善于察言观色，阿谀奉承，隋炀帝很喜欢他，不断地加官晋爵。后来，王世充趁隋末农民起义之机割据河南洛阳，建立大郑政权，不久被李世民攻灭。通过对王世充的考察，可见王世充不仅仅是善于阿谀奉承，还是有些本领的。他并没有因为相貌与出身受到歧视，而是很得隋炀帝的赏识，可见当时天下对月氏人等胡人的接纳程度。后来王世充还建立了割据政权，虽然存在时间不久，但这是流寓中原的月氏人在中原第一次建国立号。

20世纪以来，一些月氏人的墓志在各地相继出土，这为进一步研究进入中原的月氏胡人带来了契机。目前所能见到的月氏人墓志有很多，其中最为重要的是支光家族。支光家族是目前所知的一个较大的家族，他们是前文所说的石勒手下大将支雄的后裔，这一家族目前出土的墓志有《支光墓志》《支成墓志》《支询墓志》《支叔向墓志》《支谟墓志》《支子璋墓志》《支志坚墓志》《支诉妻郑氏墓志》。支光为支雄的七世孙，曾担任江州浔阳县丞，支光的父亲是支敏，做过广州司马，支光的祖父是支元亨，支光的儿子是支成，孙子有支靖、支辣、支登，支光的曾孙有支询、支叔向、支谟、支子璋、支志坚、支诉。

周绍良主编、吉林文史出版社2000年出版的《全唐文新编》第四部第2册，就收录有支光的墓志铭，如下：

唐故江州寻阳县丞支公（光）墓志铭并序
前乡贡进士朱贺撰

公讳光，字平，其先瑯耶人。后赵司空始安郡公曰雄七世孙也。永嘉之乱，衣冠违难，鳞萃江表，时则支氏浮江南迁，其后派别脉分，因居吴郡属邑曰嘉禾里。其俗敦儒复礼，孝敬廉义，盖美其风而遂家焉。孟子曰：修天爵而人爵从之，信然也。公幼而聪温，长而锐达，行著乡族，惠及孤悍。游傲于林泽，啸咏乎坟籍，高尚之旨，有足多也。公其修天爵乎？王父元亨，皇普安郡司马；父敏，皇摄广州司马，娶赵氏。公即司马之元子。始以调补九江郡寻阳县丞，莅官以文学缘饰，退居以清素检束，详承宰政以敷降群吏，修举曹务以仪表同僚，故上得以和其令，而下无敢越于局。乾之九三曰：履重刚之险而副理之序位，无乃象乎？其为主任非易易也，而公处之，妙得其所，公其得人爵乎？大历七年六月十二日，年六十一而终，葬嘉兴县学秀村。呜呼！德茂而天禄不显，行高而享年不永，当储鸿垂休，钟庆嗣胤。娶吴兴沈氏，生累

赠随州刺史、殿中监讳成；成生鸿胪卿致仕讳竦，
其终始考绩，详载于神道碑与玄宫之铭，即今寿州
刺史令狐公为之文也。初，鸿胪公以让爵谐志，将
营菟裘，觇周汉旧邦，悦邙巩固秀，爰顾嗣子讷
曰：如我死则必葬我于邙山之下。申命之曰：吾思
得陪祖祢壤兆之后，汝当上迁五世，从窆于斯，而

图27　唐故江州寻阳县丞支公（光）墓志铭并序

为支氏阡也。孝嗣泣奉遗告，自吴护灵輀来葬于河
南县平乐邙山原，不敢违先戒也。用大中十年五月
十八日，从兆吉也。衔哀备物，俭而中礼，必诚必
信，而无悔焉。支氏子孝敬有欤哉！噫！乐立陵迁
祖宗非古也，而礼有从权之制焉。贺尝同邑居，年
礼间远，遗芳余烈，传闻于长老间。曾孙亦奉公绪
之录，泣拜请铭；辞不听从，遂志泉户。铭曰：殁
吴之乡葬江滋兮，五叶之蕃迁洛沘兮；奕世载德光
传继兮，子有好爵孙有位兮。原高壤厚祯祥会兮，
龟兆叶从昌后系兮；马鬣相望得其制兮，既固且深
千万岁兮。

隋唐时期，月氏人支氏已经渐渐融入中原文化之中，他
们在墓志中已经不再说自己的西域出身，他们已经变成了长
安人、洛阳人、酒泉人、琅琊人、南阳人，他们的婚姻也逐
渐变得多样，支氏娶妻多是汉人，而非月氏人，甚至是当时
的高门大姓，如太原王氏、荥阳郑氏、渤海高氏等。从其埋
葬习俗来看，他们已经完全汉化，他们在汉地接受和学习汉
文化，尊奉儒家伦理道德标准和行为规范，并逐步和汉族融
合，渐渐融入中华民族的历史长河之中了。

中古时期，支姓月氏人肯定还有很多，史书中记载的只
是一小部分，而大量的普通人，就湮没无闻于历史长河了。

以往，学术界关注较多的是粟特人，这可能缘于文献资料中有关粟特人的记录较为丰富之故。其实，我们也应该关注月氏人，尽管关于他们的文献资料十分有限，但是，他们是丝绸之路上最早的旅行者、贸易家，他们对中古时期的影响是很大的。

结　　语

　　月氏人曾是霸主，他们有独霸丝绸之路的想法，他们
有君临四方的欲望与梦想，为此他们赶走了乌孙，打击过匈
奴，独霸了河西走廊至天山廊道之间的大片区域。但是，后
起之秀亦是蜂拥而至，匈奴的野心更加的狂妄与豪迈，乌
孙的复仇之剑亦是锋利闪亮，面对强者，月氏又成了弱者。
被迫西迁之时，他们的内心深处必然是无比的忧伤，前路漫
漫，前途茫茫。哪里又是一片净土呢？风水轮流转，几百年
后，匈奴不也是狼狈四窜吗？乌孙又去了哪里？都是过客，
亘古不变的是祁连山与天山上的皑皑白雪，是一年又一年，
绿了又黄、黄了又绿的无垠草原，还有那横亘西北寂寂无言
的戈壁与荒漠。

　　月氏的神秘之处与伟大之处是什么呢？细细想来，就算
后来的贵霜帝国与昭武九姓粟特人与他们没有关系，月氏对
古代中国尤其是汉帝国、汉文明的贡献都是难以估量的，他

们用脚步为汉帝国、汉文明开拓了新大陆。夏商周三代与秦时期，中国的文明已经逐步走向成熟，但是，当时的中国人对世界的认知还是狭隘而有限的，东到大海，南到南海，西到临洮，北到长城，就是秦帝国的疆界。而随着月氏人的迁徙，张骞的西行，汉帝国、汉文明知晓了西域，知晓了西域之外的天下与世界，汉帝国、汉文明的胸怀才真正打开，东西帝国之间才有了密切的交流与认知。

不论是玉石之路，还是丝绸之路，如鲁迅先生所说，只有走的人多了，才能成为路，反过来，能称其为路的，必然是千百年来人们不断行走的地方。而各色人等的交流穿梭，带来的就是多姿多彩的文化交流，丝绸之路就是这么一条多姿多彩之路，一条多民族融合之路。在这条道路上，月氏人、乌孙人、匈奴人、回鹘人、吐蕃人、党项人自东向西迁徙，希腊人、波斯人、粟特人、阿拉伯人自西向东迁移，各民族在丝绸之路上长期友好往来，共同塑造了丰富多彩、绚烂多姿的丝路文化。

今天的人们其实不如古人勇敢、刻苦、坚毅，今天的人们受到的诱惑越来越多，却没有了激情、精力、时间，甚至连耐心都没有了，虽然我们感觉在不断地向前冲、向前跑，其实都是被动的，都是不自然的，有些努力还是徒劳的。当我们看过了月氏人的发展史、迁徙史之后，我们的生活还是要继续，但是，我们却找不到一个让自己充满激情的理由，我们就勉强找一个让自己挺住的理由吧。那个两次出使西域的张骞，在后世名声显赫至极，但是张骞其实是稀里糊涂地上路的，一出陇西就被抓住。张骞的伟大之处就在于他能挺住，能够忍耐，善于等待，最终完成了出使月氏的使命。如果张骞挺不住，他可能与众多无名氏一样，也就老死他乡、埋骨草原了。

一个时代有一个时代的使命，冒顿时代就是要崛起的时代，此时草原的生产力早已今非昔比，此时草原的战斗力更是突飞猛进，如果没有冒顿，还会有其他人站出来。汉武帝时代就是要完成西汉霸业的时代，此时的汉朝不仅出击匈奴、经营西域，更是东西南北全线出击，向东延伸至朝鲜半岛中部，向南发展至中南半岛北部，西南亦有大的开发与建设。如果没有雄才大略的刘彻，还会有其他人站出来。同样，月氏早年的称霸局面必然也是如此，那个时代本身就是属于他们的。而随着时代的发展，月氏的衰落亦是必然的结果，没有办法，只有接受，只有逃亡，总要留住一些种族的血脉与传统，而在迁徙的路上，经过一番自我更新之后，必然又是新发展的开始。

哪里是乐土？没有乐土。哪里是乐土？处处是乐土。

史 事 编 年

秦始皇

二十六年（前221年），秦始皇统一六国。

三十三年（前214年），秦于西北斥逐匈奴，筑亭障以逐戎人。

三十七年（前210年），秦始皇死于东巡途中。

秦二世

前210年，太子胡亥继位，为二世皇帝。

元年（前209年），匈奴冒顿单于继位。

三年（前207年），七月，秦军主力投降项羽，刘邦攻下武关，二世自杀而亡。

汉高祖

元年（前206年），西汉王朝建立。

七年（前200年），汉高祖刘邦击匈奴，被围平城。

十二年（前195年），四月甲辰，刘邦驾崩于长乐宫，太子刘盈继位。

汉惠帝

前195年，刘盈继位，是为汉惠帝。

三年（前192年），汉以宗室女为公主，和亲匈奴单于。

七年（前188年），汉惠帝去世。

吕后

前188年，惠帝去世，其母吕后临朝称制。

六年（前182年），匈奴寇狄道，攻阿阳。

七年（前181年），冬十二月，匈奴寇狄道，略二千余人。

八年（前180年），吕后去世。

汉文帝

前180年，吕后去世，太尉周勃、丞相陈平等迎立代王刘恒入京为帝，是为汉文帝。

前元三年（前177年），匈奴入北地，居河南为寇。

前元四年（前176年），匈奴右贤王大破月氏。

前元十一年（前169年），匈奴寇狄道。

前元十四年（前166年），冬，匈奴谋入边为寇，杀北地都尉印。

后元二年（前162年），汉与匈奴和亲。

后元三年（前161年），月氏为匈奴所逐，西迁。

后元五年（前159年），春正月，汉文帝行幸陇西。

后元六年（前158年），冬，匈奴三万人入上郡，三万人入云中。

后元七年（前157年），六月己亥，汉文帝崩于长安未央宫。

汉景帝

前157年，文帝崩，太子刘启继位，是为汉景帝。

前元元年（前156年），汉遣御史大夫庄青翟至代下，与匈奴和亲。

前元二年（前155年），秋，汉与匈奴和亲。

前元五年（前152年），汉遣公主嫁匈奴单于。

中元二年（前148年），二月，匈奴入燕，遂不和亲。

中元三年（前147年），春，匈奴王二人率其徒来降汉，汉封二人为列侯。

中元五年（前145年），大月氏灭大夏。

中元六年（前144年），八月，匈奴入上郡。

后元二年（前142年），正月，汉郅都将军击匈奴。

后元三年（前141年），汉景帝去世，汉武帝继位。

汉武帝

建元元年（前140年），塞人诸部渡过锡尔河南下，一支入巴克特里亚建大夏国。

建元二年（前139年），张骞启程首次出使西域，目的地为大月氏。

元光元年（前134年），卫尉李广为骁骑将军，屯云中；中尉程不识为车骑将军，屯雁门。

元光二年（前133年），汉匈马邑之战爆发，自此，西汉开始与匈奴大规模交战。

元光五年（前130年），匈奴扶持乌孙远征大月氏。乌孙占据伊犁河、楚河流域；大月氏南下阿姆河，征服大夏。

元光六年（前129年），匈奴入上谷，杀略吏民。汉遣车骑将军卫青出上谷，骑将军公孙敖出代，轻车将军公孙贺出云中，骁骑将军李广出雁门。青至龙城，获首虏七百级。广、敖失师而还。

元朔元年（前128年），秋，匈奴入辽西，杀太守；入渔阳、雁门，败都尉，杀略三千余人。汉遣将军卫青出雁门，将军李息出代，获首虏数千级。

元朔二年（前127年），春正月，匈奴入上谷、渔阳，杀略吏民千余人。汉遣将军卫青、李息出云中，至高阙，遂西至符离，获首虏数千级。汉收河南地，置朔方、五原郡。

元朔三年（前126年），夏，匈奴入代，杀太守，入雁门，杀略千余人。秋，汉罢西南夷，城朔方城。张骞回到汉朝。

元朔四年（前125年），匈奴入代、定襄、上郡，杀略数千人。

元朔五年（前124年），大将军卫青将六将军兵十余万人出朔方、高阙，获首虏万五千级。

元朔六年（前123年），春二月，大将军卫青将六将军兵十余万骑出定襄，斩首三千余级。夏四月，卫青复将六将军穿越匈奴南界，大胜匈奴并有掳获。

元狩元年（前122年），匈奴入上谷，杀数百人。

元狩二年（前121年），汉遣骠骑将军霍去病出陇西，击匈奴，至皋兰，斩首八千余级。夏，马生余吾水中。将军去病、公孙敖出北地二千余里，过居延，斩首虏三万余级。匈奴入雁门，杀略数百人。汉遣卫尉张骞、郎中令李广皆出右北平，广杀匈奴三千余人，尽亡其军四千人，独身脱还，公孙敖、张骞皆后期，当斩，赎为庶人。秋，匈奴昆邪王杀休屠王，并将其众合四万余人来降，汉置五属国以处之，以其地为武威、酒泉郡。

元狩三年（前120年），秋，匈奴入右北平、定襄，杀略千余人。

元狩四年（前119年），大将军卫青将四将军出定襄，将军去病出代，各将五万骑。步兵踵军后数十万人。青至幕北围单于，斩首万九千级，至阗颜山乃还。去病与左贤王战，斩获首虏七万余级，封狼居胥山乃还。前将军广、后将军食其皆后期。广自杀，食其赎死。张骞第二次出使西域，目的地为乌孙。

元狩六年（前117年），秋九月，大司马骠骑将军霍去病薨。

元鼎四年（前113年），秋，马生渥洼水中，汉武帝作《天马》之歌。

元鼎五年（前112年），汉武帝巡行至陇西，西登崆峒山。

元鼎六年（前111年），秋，汉遣浮沮将军公孙贺出九原，匈河将军赵破奴出令居，皆二千余里，不见虏而还。汉分武威、酒泉地置张掖、敦煌郡，徙民以实之。

元封元年（前110年），汉武帝巡行北边。封禅泰山。

元封三年（前108年），汉武帝遣将击破楼兰、车师。

元封五年（前106年），大司马大将军卫青薨。

太初元年（前104年），夏五月，汉遣因杅将军公孙敖筑塞外受降城。秋八月，汉遣贰师将军李广利西征大宛。

太初二年（前103年），秋，汉遣浚稽将军赵破奴二万骑出朔方击匈奴，不还。

太初四年（前101年），春，贰师将军李广利斩大宛王首，获汗血马来，汉武帝作《西极天马之歌》。

天汉二年（前99年），夏五月，贰师将军李广利三万骑出酒泉，与右贤王战于天山，斩首虏万余级。又遣因杅将军出西河，骑都尉李陵将步兵五千人出居延北，与单于战，斩首虏万余级。陵兵败，降匈奴。秋，渠黎六国使使来献。

天汉四年（前97年），发天下七科谪及勇敢士，遣贰师将军李广利将六万骑、步兵七万人出朔方，因杅将军公孙敖万骑、步兵三万人出雁门，游击将军韩说步兵三万人出五原，强弩都尉路博德步兵万余人与贰师会。广利与单于战余吾水上连日，敖与左贤王战不利，皆引还。

太始三年（前94年），春正月，武帝行幸甘泉宫，飨外国客。

征和三年（前90年），春正月，武帝行幸雍，至安定、北地，西胡月支国王遣使献返魂香与伏虎兽。匈奴入五原、酒泉，杀两都尉。三月，遣贰师将军李广利将七万人出五原，御史大夫商丘成二万人出西河，重合侯马通四万骑出酒泉。成至浚稽山与虏战，多斩首。通至天山，虏引去，因降车师。皆引兵还。李广利败，降匈奴。

后元二年（前87年），汉武帝崩于五柞宫，葬茂陵。汉昭帝继位。冬，匈奴入朔方，杀略吏民。汉发军屯西河，左将军上官桀行北边。

汉昭帝

始元二年（前85年），冬，发习战射士诣朔方，调故吏将屯田张掖郡。

元凤四年（前77年），夏四月，平乐监傅介子持节使，诛斩楼兰王安归，首悬北阙，封义阳侯。

元平元年（前74年），汉昭帝崩于长安未央宫。

汉宣帝

元平元年（前74年），昭帝崩，昌邑王刘贺继位，他只做了二十七天皇帝，即被废黜。七月，武帝曾孙刘病已继皇帝位，是为汉宣帝。

本始二年（前72年），匈奴数侵边，又西伐乌孙。乌孙昆弥及公主因国使者上书，言昆弥愿发国精兵击匈奴。秋，汉御史大夫田广明为祁连将军，后将军赵充国为蒲类将军，云中太守田顺为虎牙将军，及度辽将军范明友、前将军韩增，凡五将军，兵十五万骑，校尉常惠持节护乌孙兵，咸击匈奴。

本始三年（前71年），校尉常惠将乌孙兵入匈奴右地，大胜匈奴并有掳获。汉封常惠为列侯。

神爵二年（前60年），四月戊戌，大司马车骑将军臣□承制诏请□：大月氏、乌孙长□凡□□□富候臣或与斥候利邦国、候君、候国、假长□□□中乐安世归义□□□□□□□□。夏五月，羌虏降服，斩其首恶大豪杨玉、酋非首，置金城属国以处降羌。秋，匈奴日逐王先贤掸将人众万余来降，汉使都护西域骑都尉郑吉迎日逐，破车师，皆封列侯。九月，匈奴单于遣名王奉献，贺正月，始和亲。

甘露二年（前52年），匈奴呼韩邪单于款五原塞，愿奉国珍朝三年正月，即在甘露三年正月行朝礼。三月丙午，使主客郎中臣超，承制诏侍御史曰顷都内令霸副侯忠使送大月氏诸国客。

甘露三年（前51年），春，匈奴呼韩邪单于稽侯珊来朝，赞谒称藩臣而不名。二月，郅支单于远遁，匈奴遂定。冬，乌孙解忧公主年老归养长安。

黄龙元年（前49），冬十二月，宣帝崩于长安未央宫。

汉元帝

黄龙元年（前49年）十二月，宣帝崩，太子刘奭继位，是为汉元帝。

初元二年（前47年），七月戊辰，使大宛□□者□□□中郎丞汉，承制诏侍御史□□□大月氏□□□□副意与庠候□敞赵□□为驾二封轺传，二人共载。

永光元年（前43年），使大月氏副右将军史柏、圣忠将大月氏双靡翕侯使者万若，山副使苏赖，皆奉献言事诣行在所，以令为驾一乘传。

建昭二年（前37年），□□□遣守候李□送自来大月氏休密翕侯□□□贵人□密贵人□□□□□弥勒弥□……□□□□□□□□客皆奉献诣行在所。

建昭三年（前36年），秋，使护西域骑都尉甘延寿、副校尉陈汤挢发戊己校尉屯田吏士及西域胡兵攻郅支单于。冬，斩其首，传诣京师，悬蛮夷邸门。

竟宁元年（前33年），五月，汉元帝去世，太子刘骜继位，是为汉成帝。

汉成帝

鸿嘉三年（前18年），闰月乙亥，敦煌厩官章奴受悬泉啬夫长送大月氏。

绥和二年（前7年），成帝去世，其孙刘欣继位，是为汉哀帝。

汉哀帝

元寿二年（前1年），春正月，匈奴单于、乌孙大昆弥来朝。

元寿二年（前1年），六月，哀帝崩于未央宫。

插 图 目 录

《甘肃省博物馆文物精品图集》，三秦出版社，2006年，第72页。

图7　倒三角纹彩陶罐　来源同上书，第73页。

图8　青铜麋鹿　来源同上书，第96页。

图9　鹰头形青铜权杖首　来源同上。

图10　畜牧图画像砖　甘肃省嘉峪关市魏晋5号墓出土，甘肃省博物馆藏，作者拍摄于2016年敦煌文博会展馆。

图11　铜奔马　甘肃省武威市雷台汉墓出土，甘肃省博物馆藏，作者拍摄。

图12　白玉璧　甘肃省博物馆藏，选自俄军主编、甘肃省博物馆编《甘肃省博物馆文物精品图集》，三秦出版社，2006年，第63页。

图13　青玉璧　甘肃省博物馆藏，来源同上。

图14　阳关烽燧　作者拍摄。

图15　玉门关附近长城遗址　作者拍摄。

图16　敦煌壁画《张骞出使西域图》　选自敦煌研究院主编《敦煌石窟艺术全集》第12卷之孙修身主编《佛教东传故事画卷》，同济大学出版社，2016年，第126页。

图17　汉简　敦煌市博物馆藏，作者拍摄。

图18　月氏简　选自张德芳《河西汉简中的大月氏》，载荣新江、罗丰主编，宁夏文物考古研究所、北京大学中国古代史研究中心编《粟特人在中国——考古发现与出土文献

参 考 资 料

〔汉〕司马迁撰：《史记》，中华书局，1959年。

〔汉〕班固撰，〔唐〕颜师古注：《汉书》，中华书局，1962年。

〔南朝宋〕范晔撰，〔唐〕李贤等注：《后汉书》，中华书局，1965年。

甘肃省文物考古研究所、甘肃省博物馆、文化部古文献研究室、中国社会科学院历史研究所编：《居延新简·甲渠候官与第四燧》，文物出版社，1990年。

周绍良主编，赵超副主编：《唐代墓志汇编》，上海古籍出版社，1992年。

王贻梁、陈建敏选：《穆天子传汇校集释》，华东师范大学出版社，1994年。

〔汉〕东方朔撰：《海内十洲记》，载王根林、黄益元、曹光甫校点《汉魏六朝笔记小说大观》，上海古籍出版社，1999年。

黎翔凤撰，梁运华整理：《管子校注》，中华书局，2004年。

黄怀信、张懋镕、田旭东撰，黄怀信修订，李学勤审定：《逸周书汇校集注》修订本，上海古籍出版社，2007年。

唐长孺：《魏晋南北朝史论丛》，生活·读书·新知三联书店，1955年。

冯承钧：《西域南海史地考证论著汇辑》，中华书局，1957年。

王国维：《观堂集林》，中华书局，1959年。

姚薇元：《北朝胡姓考》，中华书局，1962年。

周一良：《魏晋南北朝史论集》，中华书局，1963年。

安作璋：《两汉与西域关系史》，齐鲁书社，1979年。

黄文弼：《西北史地论丛》，上海人民出版社，1981年。

［日］羽田亨著，耿世民译：《西域文化史》，新疆人民出版社，1981年。

王炳华：《丝绸之路考古研究》，新疆人民出版社，1993年。

林梅村：《西域文明：考古、民族、语言和宗教新论》，东方出版社，1995年。

余太山主编：《西域通史》，中州古籍出版社，1996年。

林梅村：《汉唐西域与中国文明》，文物出版社，1998年。

胡平生、张德芳编撰：《敦煌悬泉汉简释粹》，上海古籍出版社，2001年。

林幹：《匈奴史》，内蒙古人民出版社，2007年。

严文明：《中华文明的始原》，文物出版社，2011年。

郝树声、张德芳：《悬泉汉简研究》，甘肃文化出版社，2009年。

［美］狄宇宙著，贺严、高书文译：《古代中国与其强邻：东亚历史上游牧力量的兴起》，中国社会科学出版社，2010年。

余太山：《两汉魏晋南北朝与西域关系史研究》，商务印书馆，2011年。

余太山：《塞种史研究》，商务印书馆，2012年。

余太山：《古族新考》，商务印书馆，2012年。

［法］沙畹等著，冯承钧译：《大月氏都城考》，中国国际广播出版社，2013年。

余太山：《贵霜史研究》，商务印书馆，2015年。

王子今：《匈奴经营西域研究》，中国社会科学出版社，2016年。

［日］小谷仲男著，王仲涛译：《大月氏：寻找中亚谜一样的民族》，商务印书馆，2017年。

王炳华：《乌孙王难兜靡死于大月氏考》，载《西域史论丛》编辑组编《西域史论丛》第二辑，新疆人民出版社，1985年。

余太山：《大夏和大月氏综考》，载中国中亚文化研究协会、中国社会科学院历史研究所中外关系史室编《中亚学刊》第三辑，中华书局，1990年。

荣新江：《小月氏考》，载中国中亚文化研究协会、中国社会科学院历史研究所中外关系史室编《中亚学刊》第三辑，中华书局，1990年。

韩康信、潘其风：《关于乌孙、月氏的种属》，载《西域史论丛》编辑组编《西域史论丛》第三辑，新疆人民出版社，1990年。

陈健文：《试论一些与月氏有关的考古文化问题》，载《简牍学研究》第二辑，甘肃人民出版社，1998年。

袁祖亮：《略述秦汉时期大月氏人的迁徙》，载《简牍学研究》第二辑，甘肃人民出版社，1998年。

张德芳：《河西汉简中的大月氏》，载荣新江、罗丰主编，宁夏文物考古研究所、北京大学中国古代史研究中心编《粟特人在中国——考古发现与出土文献的新印证》下册，科学出版社，2016年。

杨富学：《河西考古学文化与月氏乌孙之关系》，载《丝绸之路研究集刊》第一辑，商务印书馆，2017年。

［日］榎一雄著，斯英琦、徐文堪译：《小月氏和尉迟氏》上，载《民族译丛》1980年第3期。

［日］榎一雄著，斯英琦、徐文堪译：《小月氏和尉迟氏》下，载《民族译丛》1980年第4期。

冯一下：《大月氏历史述略》，载《史学月刊》1985年第6期。

黄靖：《大月氏的西迁及其影响》，载《新疆社会科学》1985年第2期。

潘策：《秦汉时期的月氏、乌孙和匈奴及河西四郡的设置》，载《西北师院学报（社会科学版）》1981年第3期。

莫任南：《关于月氏西迁年代问题》，载《湖南师范大学社会科学学报》1985年第2期。

水天长：《略论大月氏贵霜帝国的建立及其族系问题》，载《西北师院学报（社会科学版）》1985年第4期。

黄靖：《大月氏的西迁及其影响》，载《新疆社会科学》1985年第2期。

何光岳：《郁夷、大月氏的来源和迁徙》，载《新疆社会科学》1986年第5期。

余贤杰：《月氏及其西迁》，载《西北师院学报（社会科学版）》1987年第1期。

王素色：《大月氏人对中亚文化的贡献》，载《中央民族大学学报（哲学社会科学版）》1988年第3期。

阎万钧：《大月氏的佛教》，载《敦煌学辑刊》1988年第1、2期。

苏北海：《大月氏的西迁及其活动》，载《新疆大学学报（哲学社会科学版）》1989年第2期。

周荣：《甘肃崇信出土"货泉"铜母范》，载《文物》1989年第5期。

［日］榎一雄著，赵宗福译：《小月氏考》，载《青海民族学院学报（社会科学版）》1990年第1期。

戴春阳：《月氏文化族属、族源刍议》，载《西北史地》1991年第1期。

赵建龙：《关于月氏族文化的初探》，载《西北史地》1992年第1期。

韩康信：《塞、乌孙、匈奴和突厥之种族人类学特征》，载《西域研究》1992年第2期。

洪涛：《关于大月氏研究的几个问题》，载《中央民族大学学报（哲学社会科学版）》1993年第1期。

陶喻之：《张骞"不能得月氏要领"新解》，载《西域研究》1994年第4期。

钱伯泉：《乌孙和月氏在河西的故地及其西迁的经过》，载《敦煌研究》1994年第4期。

林梅村：《祁连与昆仑》，载《敦煌研究》1994年第4期。

郝树声：《论月氏在河西的几个问题》，载《甘肃社会科学》1994年第6期。

王宗维：《卢水胡和小月氏》，载《西北民族研究》1995年第2期。

马国荣：《秦汉时期西域羌族、车师和月氏的社会生活》，载《喀什师范学院学报》1996年第2期。

王青：《也论卢水胡以及月氏胡的居处和族源》，载《西北史地》1997年第2期。

卡哈尔曼·穆汗：《塞、匈奴、月氏、铁勒四部名称考》，载《西域研究》2000年第4期。

侯丕勋：《"祁连小月氏"族源新探》，载《青海民族研究》2001年第4期。

王宏谋：《月氏西迁与张骞西使新论》，载《石河子大学学报（哲学社会科学版）》2003年第4期。

高荣：《月氏、乌孙和匈奴在河西的活动》，载《西北民族研究》2004年第3期。

廖杨：《月氏族宗法文化论》，载《河西学院学报》2004年第1期。

樊翔：《大月氏与佛教东传》，兰州大学硕士学位论文，2007年。

康亚军：《羯族西域月氏说商榷》，载《青海民族研究》2007年第4期。

王慧慧：《昭武九姓族源与居延汉简中姓氏的关系》，

载《敦煌研究》2008年第2期。

贾文丽：《冒顿为质月氏考》，载《德州学院学报》2010年第1期。

王子今：《论贾谊〈新书〉"备月氏、灌窳之变"》，载《社会科学》2010年第3期。

支静：《小月氏历史考述》，陕西师范大学硕士学位论文，2010年。

魏乐乐：《两汉迄唐徙居内地月氏人研究》，西北大学硕士学位论文，2010年。

毛阳光：《一支洛阳月氏胡人家族的汉化经历——以〈支彦墓志〉与〈支敬伦墓志〉为中心》，载《华夏考古》2010年第4期。

李芳：《建国以来月氏、乌孙研究综述》，载《西域研究》2010年第3期。

周建江、吕菊：《元明汉诗文创作的文化选择——以〈月氏王头饮器歌〉为例》，载《民族文学研究》2011年第2期。

林梅村：《大月氏人的原始故乡——兼论西域三十六国之形成》，载《西域研究》2013年第2期。

贾文丽：《匈奴头曼单于以冒顿为质月氏相关史实的研究》，载《首都师范大学学报（社会科学版）》2013年第3期。

沈骞：《河西小月氏、卢水胡与河东羯胡关系探源》，载《敦煌学辑刊》2015年第4期。

杨涛、黄永会、孟志平、陶荣：《"月氏"铭货泉铜母范》，载《中国钱币》2016年第4期。

王永平：《返魂香与伏虎兽：从罗马到汉朝——〈海内十洲记〉所记西胡月支国朝贡事发微》，载《河北学刊》2017年第1期。

后记

　　从读大学开始，一直在学习历史，对月氏还算熟悉，但总是像张骞一样，不得月氏要领，可是我的内心深处却总想对这个神秘的部落、民族或国家做一个较为清晰的勾勒。博士毕业后，留校当老师，讲的第一门课是"中西交通史"，月氏是一个经常被提及的话题。在课程讲解的过程中，我总是有意变换方式，去认知这个神秘的部落、民族或国家，并力图将之纳入自己的知识体系。换句话说，就是我要用我的语言，将月氏讲清楚、讲明白，让大家可以轻松地对月氏有一个整体认知。这本小书的写作算是一个阶段性的总结，一个对月氏的阶段性梳理，一个自己给自己的答卷。即在诸位前辈学者研究的基础上，有了自己的体会与认知，并初步构建了自己关于月氏的知识体系，且自我感觉良好，而又不揣浅薄，用了一个暑假的时间，将所有的心得记录下来，班门弄斧于诸位面前，只恐要贻笑大方了！但是能够把自己知道的故事讲给更多的人，又何尝不是一件快乐的事情呢！

　　要说书中哪些地方我自己最满意，其一是对月氏胜兵的考察，控弦之士一二十万可不是小数目，如此，才能看到一个强盛的月氏。对于月氏的迁徙，学者们有多种观点，其实被史书记载下来，并被我们所考察出来的结果，是主要的迁徙状态，月氏的迁徙肯定是多次且相对缓慢的。对于月氏的原始故乡，我更愿意接受河西走廊，这不是甘肃学者的故乡情结，而是这样的推测更令人信服。当我见过天山之后，我其实更迷恋祁连山的高大险峻与神秘富饶。

本书的写作偶然性更多一些，但我其实经常说，偶然性对历史进程的冲击或许更大，不是否定必然性的存在，是感觉，个人的自以为是的感觉。2015年，在西安召开的中国敦煌吐鲁番学会年会上，胡戟老师给与会学者发了约稿材料，我暗中计划对月氏做一个考察，竟然得以如愿。其实，我对丝绸之路上的民族变迁关注良久，因为有些时候竟然弄不清他们的来龙去脉，所以我立志要把以敦煌为中心的丝绸之路上的民族变迁，即民族交往交流交融弄清楚。经过多年的努力，自己感觉已经逐渐清楚，而关于月氏的本书即是最初的成果之一。当然，前辈学者已经做了许多贡献，我所自以为是的些许成果，都是建立在诸位前辈研究基础之上的。书中大量引用了诸位前辈学者的成果，限于本书作为一般普及读物的体例，未做注释，没能将诸位先生的观点与大名一一对应，实在是有点掠人之美，部分图片亦是从诸前辈书中、文中借用、引用而来，文后有图片出处与参考资料，欢迎读者按图索骥，去探索更高深的学问，本书只是一块普及月氏历史文化知识的引玉之砖。

刘全波

2023年9月3日